大展好書　好書大展
品嘗好書　冠群可期

養生保健
56

道家窖藏武功
攝生秘笈

附DVD

姜運和　著

大展出版社有限公司

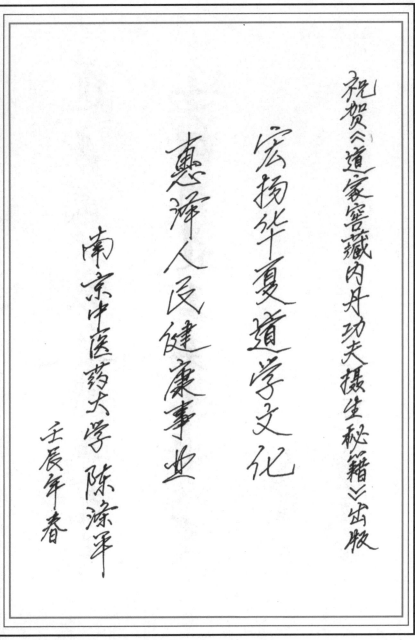

祝賀《道家窖藏內丹功夫攝生秘籍》出版

宏揚華夏道學文化

惠澤人民健康事業

南京中醫藥大學 陳滌平

壬辰年春

陳滌平題詞

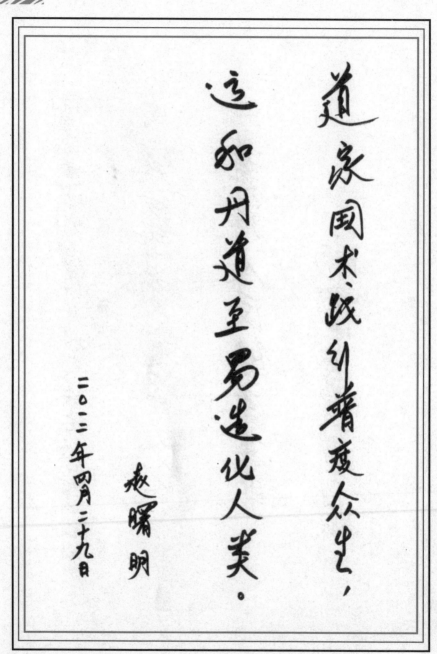

道家國術、跆引普度眾生，
這和丹道至易進化人類。

趙曙明

二〇一三年四月二十九日

南京大學商學院院長、美國密蘇里大學商學院教授趙曙明題字

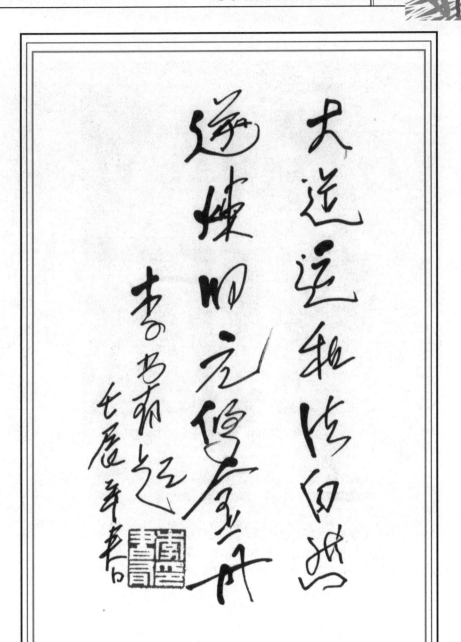

大道運轉法自然

遂煉明元歸本丹

李書有題

壬辰年書

南京大學哲學系教授、博士生導師、江蘇省周易文化研究會會長、
江南文化研究修院院長李書有題字

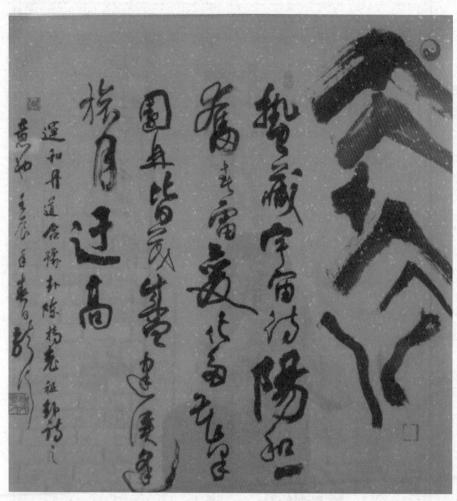

江南文化研修學院易象研究中心主任、中國建築風水研究院副院長、
江蘇省保健攝生業協會自然人文委員會副主任彭金龍題字

全真派第24代弟子
合影

少林寺武僧總教頭釋延
魯大師為作者題字

首屆運和丹道高層弟子結業
合影

運和道人與眾弟子於茅山
修盤古混元

作者的學術論文在涿州
國際學術研討會上獲獎

作者幼年啟蒙
師父守珍老人

作者與丹道弟子中國
「西點軍校」校長胡
雄一及江蘇省周易文
化研究會會長李書有
教授合影

作者與忽靈太極拳第
四代傳人楊興靖合影

作者與前少
林寺總教頭
釋延迦合影

作者與武當山道
教協會李光富會
長合影

作者與武當山道
醫通恩道人合影

作者與武當雜誌社社長劉
洪耀、江蘇省保健養生業
協會秘書長宋建國合影

作者與運和丹道海外弟子
合影

作者榮登《武魂》雜誌
封面人物

南京《揚子晚報》對作者的報導

媒體採訪報導運和丹道巴基斯坦
弟子

作者在《武魂》雜誌上
發表的學術論文

作者在《武當》雜誌上
發表的文章

南京《現代快報》報導梁九門
第一屆武林大會

作者展示「單掌斷兩磚」內功絕技　　　作者表演平地掌裂四塊紅磚

作者在梁九門第一屆武林大會上展示　　作者在梁九門第一屆武林大會上展示
「紙幣削筷」　　　　　　　　　　　　「竹筷鎖喉」

作者在武林大會上表演　　作者與運和丹道傳人孟藝飛　　作者展示內丹絕技
　　　　　　　　　　　　　　　　　　　　　　　　　　　「穿心掌」

南京大學原圖書
館館長伍玲玲展
示「單掌劈磚」

運和丹道弟子胡雄一結
業進行功力測試

運和丹道弟子孔小平當街展
示內丹功夫「頭開木棍」

傅龍蟠於中國達
人秀表演「全身
開棍」

李冰於中國達人
秀表演「懸空劈
磚」

王坤、於中山為網路遊
戲《傳奇3》發布會表
演內丹功「頭頂砸磚」

李小惠展示
「喉斷竹筷」
內丹功夫

陳星延表演「手背砸磚」

蔣鳳林表演
「單掌劈磚」

孟藝飛展示「鐵板橋」
功夫

李勇展示
「單掌劈磚」
內丹功夫

於中山、陳德榮、孟藝飛表演內丹功
「頭斷大理石」

運和丹道警界弟子：香港
九龍城警署廓超良警官與
中國警衛於中山合影

　　道教文化博大精深，乃華夏文明精粹之所在，千年文化之珍貴遺產。其核心教義爲修道養生、濟世利人；菁華之處在於丹道攝生。內丹學爲參天地、同日月、契造化之金丹大道，乃攝生之要術，惠利民衆之道教精華。遵從教義弘揚道學，爲社會大衆服務，乃修道之人義不容辭的責任。

　　姜運和君歷經二十年風雨磨礪，跋涉道途，行走武林。雖歷經艱辛，然其問道之志卻愈磨彌堅，終於不惑之載修得大成，悟得至簡大道，累累碩果無不令人爲其擊節讚歎。

　　運和君爲道法所感、遵從教義，集衆家之長，揚長避短、去僞存眞，以科學合理的「依武入道之運和丹道」開啓金丹大道修持之捷徑法門。問道之甘辛毋須多言，卻無敝帚自珍獨享大成之心，窮其問道所得濃縮爲此本《道家窖藏武功攝生秘笈》，將行之有效的修煉次第呈獻給嚮往中華丹道武學卻

依然逡巡在大道門外的武學愛好者以及廣大的攝生愛好者，令人人得悉內丹術之長壽攝生秘訣。

運和君弘揚道法、先度己後度人的慈儉之心躍然紙上，謙虛問道之姿態洋溢於字裡行間，真正做到「悟大道之理，興實業以濟世；契聖祖之心，用慈儉而化人」，可敬可佩！

書將成，深爲其「運和丹道」之「以簡馭繁、萬法歸一」修證理念所折服，欣然作此簡序，以拋磚引玉！

南京中醫藥大學　第二臨床醫學院　院長

壬辰年甲辰月丁亥日

魅力四射的華夏文明

當我還是個孩子時，我的祖父就跟我說──中國的國術源遠流長、博大精深。想要瞭解它，走近它，是要看個人的造化……所以幾十年來，我作爲一名長居海外的中華子弟，除了爲我們的國術感到驕傲之外，無時不企盼著祖父口中的「造化」惠顧於身，直至過了不惑之年的2011年初冬，我偶遇姜運和大師。姜大師平和的外表，儒雅謙和的風度和對所創「運和丹道」的熱情給我留下了深刻的印象。

我從事國際運動教育多年，在歐美和中國的教育領域，我的研究和教學著重於前輩們所推崇的中西方的君子教育，希望透過心靈的感悟建立正確的人生觀──它包含著理性的修煉，樂觀的自我成長信念，現實社會中的處事原則，對人性心理的理解，靈活的思維方式以及高瞻遠矚的雄偉氣魄。而

「運和丹道」所歸結的「大道至簡至易」正是在我領略了它深層的「易經」理念後，讚歎它那質樸而深厚的文化美感。

我自認不是個獵奇的人，年齡和閱歷也決定了我早已遠離了年輕時的衝動，隨著我以認真客觀的態度修煉「運和丹道」後，數月間的變化讓我竊喜和欲罷不能。

我從「運和丹道」之「五行七步功」的武火修煉依武入道，數月間身體變得異常強壯，碎石裂碑的表現之外，居然著短衫單衣在溫度零下的冰天雪地騎馬飛馳而不覺絲毫寒意。而後又進修了運和丹道之「太極引氣歸元混元大法」，收效甚宏，高血壓得到穩定的控制，睡眠品質改善，而且每天四五個小時的睡眠足矣，閒靜時不食不餓，經常進入自然辟穀狀態，是故「精滿不思淫，氣滿不思食，神滿不思睡」的丹道境界吧。跟部隊教官切磋，教官竟然被我無意中發出丈外，中國道家的內丹功夫真不可思議。

「運和丹道」的修真理念來自於「易經」的陰陽五行學說和天人合一思想，依次第修煉進程中，你更像是在體會許多哲學的道理，採天地之精氣，

匯入丹田，煉丹固精培元，通全身經絡，使個體融入自然，自我修證的過程中會出現許多差異於其他人的反應，我更覺得是在對自己進行一次生理和精神上的洗禮。我享受審視「自我」的過程，就像一位和藹、細心的護理專家伴隨著我的每一刻。

「運和丹道法自然，大道至簡修金丹」，姜大師菩提樹下的參悟，並立志把惠澤華夏數千年的國術推向學術之殿堂，讓更多人有幸速能入道得道，性命雙修終身受益無窮，此舉可敬可贊。

原聯合國教科文官員
韋弦國際教育集團主席

壬辰年甲辰月丁亥日

旨哉大道運和

　　姜運和君，亦武亦商，修禪悟道，尚武精神。創富有之大業，增日新之盛德。閱其新著《道家窖藏武功攝生秘笈》，概知姜君，曾尋仙以訪道，轉益有多師，博閱丹經，廣參道典，探三玄之秘，通祖師之意，真修實證，以振玄宗。吾觀其書，無閃爍其詞，有自家寶珍。大江開派悠遠，道門孳乳紛繁，丹法傳之訛劣。

　　今姜君擯江湖流俗通病，成學術文化殿堂。乃效先聖立成器之德，庶啟後學悟大道之方。傳藥更授火訣，介石不待終日。冒門規之大不韙，顯志士之仁厚心。神武不殺，繼之者善。

　　昔在上古，太昊伏羲，開天立極，亦巫亦醫。服氣濫觴，四支乃暢。窮理盡性，樂天知命。吾道橐籥（ㄊㄨㄛˊ ㄩㄝˋ），盡在易象。運和丹道，豫象昭朗，開蟄鼓翼，四時不忒。返虛入渾乃見天則，

積健爲雄如斯道昌。習丹術流水今日，悟大道明月前身。體素儲潔，以致崇德廣業；飲之太和，不遺盡份敦倫；乘月返眞，顯道可與祐神。此吾道中人之所當力行也，之所當及時修也。駕慈航依教奉行，報四恩德博而化。入道捷徑斯書有門，金丹赫赫此法可尋。知微知彰，萬夫之望。

　　欣然爲序，好爵共靡。

《武當》雜誌社　　社長

中國共產黨丹江口市委宣傳部　　副部長

武當山武當拳法研究會　　會長

中國武術協會新聞委員會　　委員

中國武俠學會　　常務理事

壬辰年甲辰月丁亥日

商道　丹道

　　近年經常看到如此報導：現代社會，人們生活節奏加快，城市人口百分之六十以上均處於亞健康狀態，「三高」人群常態化。而且，社會地位越高，越有錢的人身體就越差，此謂「財旺身衰」。

　　我身爲企業家，頗有感觸。隨著事業的發展，每日疲於吃喝應酬，企業經營壓力越大，生活習慣嚴重失常，身體每況愈下。40歲的年齡，50歲的心態，70歲的身體，氣虛神糜，未老先衰。不禁感慨：縱有經天緯地之才，家產萬貫，然拖著個千瘡百孔、自顧不暇的病軀，焉能談得上創立百年事業？又何談承擔社會責任回饋社會？

　　機緣巧合下，本人有幸結識現代丹道踐行者運和道人，經運和道人現身說法後茅塞頓開。正如世界衛生組織的研究報告言，人的健康長壽跟現代的醫療手段沒有根本的關係，關鍵在於自己科學的日

常攝生習慣化的生活方式。俗話說病是不良飲食習慣吃出來的、是不良生活習慣養出來的。所以，要想健康長壽，不能靠人，只能靠己。

三豐曰：「無根樹，花正濃，認取眞鉛正祖宗。精炁神，一鼎烹，女轉成男老變童。欲向西方擒白虎，先往東家伏青龍。類相同，好用功，外藥通時內藥通。」道教內丹學是中華民族傳統文化的瑰寶。天有三寶日月星、地有三寶水火風、人有三寶精炁神。內丹功夫以人體精、炁、神爲修煉對象，以煉氣培元通經脈、追求人體生命的和諧有序爲入手功夫，達到疏通經絡，陰陽平衡，實現健身康體，延年益壽。

道家養生古名攝生、道生，即以老莊道家思想爲宗旨，太極八卦陰陽五行學說爲指導，以調陰陽、和氣血、保精神爲原則，運用調神、導引、吐納（食氣，吞津，胎息）等方法使精炁神後天轉化先天，運用先天之氣滋養後天。來調和陰陽、流通氣血、培補精氣、鍛鍊筋骨、頤養臟腑、調理肌膚，達到性命雙修、身心和諧健康的目的。

上工治未病，下工治已病，「運和丹道」與時俱進，以科學合理的修煉方法與現代生活方式相結

合，行、駐、坐、臥皆養生，實現「丹功生活化、生活丹功化」，令習練者快速入門，輕鬆得道，實現祛病強身，一生受益。

本人也是運和丹道的受益者，此書的出版，公開了系列行之有效的攝生修煉秘笈，希望惠澤千年的華夏攝生國術讓更多人受益。

香港千年翠鑽珠寶集團　董事局主席
南京市連雲港商會　會長

壬辰年甲辰月丁亥日

弘揚內丹養生文化　造福人類健康事業

　　世界衛生組織提出大眾長壽之道：應保持健康的生活方式。相比或吃或補的手段，WHO更建議保持健康養生的生活方式。其調查認為，個人的健康和壽命60%取決於個人因素，15%取決於遺傳，10%取決於社會因素，8%取決於醫療條件，7%取決於氣候影響，在取決於個人的因素中，生活方式是主要因素。如此，姜運和先生所宣導之「運和丹道生活化」的攝生生活方式也正迎合現代快節奏的社會，也就是說丹道攝生融合在日常生活中，那麼「行、駐、坐、臥」都樂在幽雅安逸的養生境界之中，豈不樂乎？

　　內丹功是道家養生術的主幹，是中華養生文化的主流，其源遠流長，博大精深。姜運和（道號）先生集數十年習武之經歷，創研出運和丹道「太乙五行七步功」法簡效宏的快速入門煉己築基養生功

法，並無私地將此功法公諸於世，普及推廣受益於更多人。因該功法簡便易行，能夠輕鬆學會，快速上功得氣，迅速筋膜騰起，貫通經絡血脈，調攝氣機順暢，內實臟腑器官，旺盛新陳代謝，使得眾多習練者得到康復，強身健體，受到歡迎和好評。

當今保健養生產品魚目混珠，機械的、物理的、電子的、生物的等各種各樣保健養生手段充滿市場，讓人眼花繚亂，同時也帶來諸多問題，甚至產生諸多副作用而導致保健養生無效失敗。

發掘傳承和發展弘揚中華傳統養生文化，猶如一股春風吹散了人們選擇的迷茫，如一束陽光照亮了人們尋求養生的根本之路——那就是幾千年來中華民族實踐中印證的，世世代代相傳的養生之法，健身之術。中華傳統養生之法，健身之術在當代保健養生活動中具有不可替代的地位和作用。

千年養生文化孕育了無數流派，各領風騷。學習這些文化，習練這些功法，將能很好地激發生命的潛能，調動身體的自我修復、自我調整的功能，求得陰陽平衡，強身健體，延年益壽。社會和人民需要像姜運和先生這樣潛心鑽研並踐行弘揚國術的人士，積極投入到健康事業中，以自己的特長和本

領爲人類的生命和健康做出貢獻。

中華養生文化絢麗多彩，其妙無窮，更是神奇無比，用途無限。讓我們珍惜惠澤華夏數千年的國家寶藏及民族的遺產，使它們繼續爲人類的健康事業再度放射光芒。

江蘇省保健養生業協會　副秘書長
南京保健養生學會　秘書長

壬辰年甲辰月丁亥日

人之三寶精氣神

天有三寶：日、月、星；地有三寶：水、火、風；人有三寶：精、炁、神（氣，道教特用「炁」字表示，意為渾然一體）。精在人體內是維護人生命的高級物質，即精液，有陰精、陽精、元精之分；炁，有後天之炁（米穀之氣）和先天祖炁即元炁（無火之炁）之分；神，有元神、識神之分，靜則為元神，動則為識神。心定念止是元神，心動念馳為識神。心動神馳性宜於飛，情動氣發精隨之泄，命宜於墜。修性又謂煉己。如果內部腎水上升，心火下降，陰陽和合，人就健康無病。故柳華陽祖師說：「精為炁之母，神為炁之子」，「人身有精則生，無精則死」。精、炁、神明知是寶，無法能保，任水自流，一了全了。駐顏無術，止流無

方，真是無可奈何花落去，如此縱有經天緯地之才，拖著個千孔百瘡、自顧不暇的病軀，焉能談得上有所作為造福於人民呢？所以，蒼生普度，須先度己，方能度人！

道家內丹攝生學

道教內丹學是參天地、同日月、契造化的金丹大道，又是返自然、還本我、修性命的天人合一之學，源遠流長，肇始於伏羲、神農、黃帝上古時期，與道學同源，乃中華民族傳統文化的瑰寶。而道教內丹之數術中：服食服藥、採氣辟穀、導引吐納諸術，恰是養生長壽、長視久生之妙術！彭祖云「惜精養神，服食眾藥，可以長生」，惜精養神指丹道攝生，服食眾藥即是丹家秘藥。張三豐祖師云：「順則凡，逆則仙，只在其間顛倒顛。」丹道修煉運用的是與人的生理自然規律背道而馳的逆行法。逆天而行，倒轉乾坤，要用丹功實現由老返壯。這是逆著自然規律，走返老還童的道路。

醫道同源

在古代「疾」與「病」含義完全不同。「疾」

是指不易覺察的非健康狀態，發展到必須及時找醫生就診治療的時候便稱為「病」。這種患「疾」的狀態，就是現代普遍的「亞健康」「虛損」「虛勞」及隨著年齡增大而出現的一些身體老化現象，這種狀態雖然在醫院檢查指標一切正常，但已經「身有小疾」，如不進行「養正除疾」，此疾就會不知不覺演化成頑病甚至不治之症。古人云：「未病已病之交，謂之交病。」可見古人稱亞健康為「交病」。「上工治未病，下工治已病」，道家內丹攝生術的修煉宗旨即是防患於未然，長生久視。

中國道學是以老子、莊子為代表的道家氣化思想，根據《黃帝內經》中醫陰陽理論，「陽氣者，若天與日，失其所則折壽而不彰」。中國道學是以老子、莊子為代表的道家氣化思想，《莊子・知北遊》中有言：「人之生，炁之聚也。聚則為生，散則為死。」透過道家內丹功夫修煉，快速煉己築基，啟動命門真火，強腎固本培元，腎陽充盈，命門真火發動人體十二經循行不息，五臟六腑氣化周行，生命欣欣向榮。

中醫之養生與道家之修煉根本上是同出一轍，其目的便是追求長生不老。而中醫養生之法亦可謂

脫胎於道家修煉之法。

中醫經絡腧穴與丹道小周天

《黃帝內經》云：「夫十二經脈者，人之所以生，病之所以成，人之所以治，病之所以起。」經絡可以「決生死，治百病」。

古人云：「任督二脈，人身之子午也，乃丹家陽火陰符升降之道，坎水離火交媾之鄉。」道家修煉精炁神通經脈是透過子午周天功進行的，而小周天主要通任督二脈，此二脈主全身陰陽脈之海，所以此二脈通則諸脈通，百病皆除。

大哉乾元，功到病除

耄耋老人，身體內外的機件磨損殆盡，新陳代謝的功能失靈，生機斷，精已竭，炁將枯，西歸有日。但只要一息尚存，就有希望。此時修持要用三豐祖師所說的「敲竹鬥龜」的法子，將睡龜喚醒，使其煥發青春，恢復生機，可再用漸法補而救之。透過內丹術修煉，吐故納新，採炁充形，玉液煉形，抽坎填離，實現後天返還先天，再次生機重現，返老還童。根據易經八卦陰陽理論，此謂卦盡

炁未盡，或炁盡卦未盡，衰老起步於陽極，生命終止於陰極。

醫道攝生，脾腎為主。腎為先天之本，生命之源，五臟精氣的源泉、生命的主宰；腎主封藏，內寄命門真火（又稱元陽），被稱為人之乾元。故《易經》云：大哉乾元，萬物資始！中醫講「腎病係萬病之源，萬病不治，求之於腎」。透過道家內丹功夫修煉，快速煉己築基，啟動命門真火，強腎固本培元，腎陽充盈，命門真火發動人體十二經循行不息，五臟六腑氣化周行，生命欣欣向榮。

道家之性命雙修

呂祖曰：「只修性，不修命，自古修行第一病。只修祖性不修丹，萬劫陰靈難入聖。」很多人輕視有為命功丹功，日事玄談無為，追求性功盲目靜坐，不做煉炁煉精的有為的修命功夫，導致終無所進展。僥倖得道者，真氣充盈到產小藥的程度，最終贏得丹田真氣啟動，自動巡行衝開三關，子午周天運轉而實現煉精化炁、煉炁化神，但這是一條完全依賴漫長的文火煉養而積氣衝關的修煉道路。「性靠自己悟，命要真師傳」，許多丹家，茫然癡

迷於「性功」而忽視「命功」，盲目修煉則如無源之水、無水之木。

性功特點是開發人體智慧快但對人體素質於事無補，而命功特點是強身效果顯著而智慧開發效果差，所以古人說修上煉性易矢折，「常將神光照雪山，造化爐中煉金身」，即是此理。

太極丹道源於天道

《易經》云：「天地氤氳，萬物化醇。」「重人貴生」是道教攝生術的哲學基礎。「眾術合修」是道教攝生方法的重要原則。「天人合一」也是道教攝生術的重要思想。太極來源於道家文化，以武當原始太極八法為宗。透過數日內丹工夫修煉，太極操等就立馬變成集養生祛病、防身技擊於一體的太極功夫。

問道　得道

筆者為追求丹道武學真諦，自年少時就如癡如狂幾十年如一日地求索，而立之年又以實業做經濟基礎，不惜重金遍訪十大門派武林名師、易學大師、道學大師以及著名老中醫，數年間散盡千金問

道求訣，師承數門，揚長避短，去偽存真，終於不惑之年菩提樹下頓悟：丹法無非「火候、口訣、關竅」。

筆者參悟了大道之源《易經》蘊藏的生命密碼和萬古丹經王《周易參同契》暗藏的修真機密，以《黃帝內經》等為中醫基礎理論，透過研究踐行佛道數門丹法，洞悉了不生病與治未病的長壽命內丹術修煉秘訣，創立了快速依武入道的「運和丹道修證次第」，以期把丹道從江湖文化推向學術之殿堂，真正「悟大道之理，興實業以濟世；契聖祖之心，用慈儉而化人」。

運和丹道之快速入門工夫「太乙五行七步功」，立足於「雷地豫」卦象及八卦五行理論，以五行動作導引、吐故納新、採氖充形、食氣吞津、貫通百脈、洗髓伐經、快速煉氣通經脈的高級丹法。透過數日修煉即可達到快速擺脫亞健康而袪病強身、活力再現而年輕回春的神奇功效。

行駐坐臥皆攝生

世界衛生組織研究發現：個人的健康與壽命，60%取決於生活方式，17%取決於環境因素，16%取

決於生物學因素，只有8%取決於醫療衛生。由此，
生活方式對健康與壽命起主導因素。而筆者所破譯
的攝生修真之道正是以簡馭繁，愈修愈簡，不拘泥
於形式，與時俱進，宣導丹道攝生生活化，行駐坐
臥皆行持，可謂「行則措足於坦途，駐則凝神於太
虛，坐則調丹田之息，臥則抱臍下之珠。」

「性要悟，命要傳，休將火候當等閒。」命功
必要明師心傳口授。無真訣，難以修命長年。

筆者接觸過很多自練內丹功出偏的人，大多是
修煉時文武火候掌握不當或行功境界沒有得到及時
調整或修正次第沒有及時升級而盲目修持所致。
「一訣天機值萬金」，是用最簡單的方法，印證高
層次的內丹功夫。大道至簡，「假傳萬卷書，真傳
一句話」，運和丹道力爭不誤人子弟，打破道家
「傳藥不傳火，傳火不傳訣，傳訣不傳關」之禁，
「實踐是檢驗真理的唯一標準」，立足唯物主義思
想和科學的態度，把丹家之秘「火候、關竅、口
訣」冒天下之大不韙公開於世，呈獻給嚮往中華丹道
武學卻依然逡巡在大道門外不得真傳的武學愛好者和
疾病纏身的人們，如有表達不盡的，只待機緣之下口
傳身授來彌補，以期真正普度眾生，造福人類。

莫負道緣，踐行弘揚攝生國術

張紫陽祖師《悟真篇》云：「一粒靈丹吞入腹，始知我命不由天。」金丹大藥最通靈，此物陰陽竅裡生。採得歸來吞入腹，霎時枯骨又回春。金丹口訣自古以來為口傳而不立文字，雖有丹書萬卷盡演玄理而修實練功夫隱而不顯，致使許多修真志士望洋興嘆，一生虛度修持無果。

想當年，全真南宗張紫陽祖師曾公開普傳，因三傳匪人三遭天譴，故深悟金丹大道是天機絕密，非正人君子傳無益而有害。但又不忍金丹道脈，自此絕傳，故著悟真一書，將秘法秘訣隱於書中，宿有仙根道骨者也許可以參透其中奧秘，但是有心向道而悟性不高者則難入其門。然金丹之道卻並非獨大智之士能成，只要有道心有恒心，即使天資愚笨者也可借金丹造化，化愚為智，脫凡為仙。

功夫是練出來的，有幸得此攝生秘笈志士希望莫負道緣，勤修苦煉，證得道果。修完本書所載之「太乙五行七步功」得其一二層即可修成子午小周天，五臟氣化，開關展竅，百脈貫通，伸筋拔骨，洗髓伐經，筋膜騰起，先天真力碎石裂碑無堅不

摧。修完「太極引氣歸元混元大法」煉成三四層可以修成卯酉大周天，五氣朝元，金丹凝結，氣潤周身，太乙召喚，脫胎換骨，回春長命，證陸地神仙，信乎一粒金丹吞入腹吾命由我不由天，人生至此快樂逍遙，千歲厭世乘彼片片白雲飛往那天地相接的地方，有形短暫的生命溶入了無行永恆的至道。

鑒於本人水準有限，道行尚淺，書中難免有疏忽不當之處，請廣大同仁或道友不吝包涵、指正，以期共同探討、弘揚千年華夏國學國術，道佑蒼生。

借此感謝南京中醫藥大學、南京大學商學院、武當雜誌社、江蘇省保健養生業協會、江蘇省周易文化研究會、南京市連雲港商會、句容市政府宗教與旅遊局（茅山）等對「運和丹道」的大力支持，以及在本書面世過程中提供的無私幫助。

壬辰年甲辰月丁亥日

大道之源　易經攝生

第一節　道教及其主要思想淵源

一、道教概述

　　道教是中華民族土生土長之唯一宗教，是世界上獨一無二的貴生、攝生教團。自始祖軒轅黃帝時有之，至其道祖春秋老子時基本教義形成，至其教祖東漢張道陵天師時組成教團，進而弘揚光大，遍及宇內。對中華民族、對東方乃至整個世界產生了廣泛深遠的影響，至今算來已有近五千年的歷史，稱得上源遠流長。

　　研究中國科學技術史的著名學者、英國皇家科學院院士李約瑟博士（1900—1995）強調：「中國如果沒有道家思想，就像一棵某些深根已經爛掉了

的大樹。」確如馮友蘭說過的:「她是世界上曾經看到的唯一基本上不反科學的神秘主義體系……」道家具有一套複雜而微妙的概念,這些正是中國向來產生一切科學的基礎。李約瑟認為對中國科學文化貢獻最大的是道教。

魯迅先生(1881—1936)在《致許壽裳》的信函中說:「中國根柢全在道教,……以此讀史,有多種問題可以迎刃而解。」在《而已集·小雜感》中詮釋此義云:「人往往憎和尚,憎尼姑,憎耶穌教徒,而不憎道士,懂得此理者,懂得中國的大半。」

二、道教攝生概要

世間芸芸眾生求財、求祿、求壽、求平安者,如過江之鯽!然最難求者「壽」!千古一帝秦始皇,權傾天下,富有四海,卻求「壽」無門,望「壽」而歎!

道教內丹學是參天地、同日月、契造化的金丹大道,又是返自然、還本我、修性命的天人合一之學,源遠流長,肇始於伏羲、神農、黃帝上古時期,與道學同源,乃中華民族傳統文化的瑰寶。

《黃帝內經‧素問‧上古天真論》云：「上古之人，其知道者，法於陰陽，和於術數，飲食有節，起居有常，不妄作勞。故能形與神俱，以終其天年，度百歲乃去。今時之人不然也，以酒為漿，以妄為常，醉以入房；以欲竭其精，以耗散其真，不知持滿，不時禦神，務快其心；逆於生樂，起居無常，故半百而衰也。」又云：「余聞上古有真人者，提挈天地，把握陰陽，呼吸精炁，獨立守神，肌肉若一，故能壽敝天地，無有終時，此其道生。」

而道教內丹之數術中：服食、服藥、辟穀、導引諸術，恰是攝生長壽、長視久生之妙術！《莊子‧刻意》說：「吐故納新，熊經鳥申，為壽而已。此導引之士、養形之人，彭祖壽考者所好也。」

當年王重陽在國土淪入異族之手，出於對漢族文明泯滅的擔心，集儒、釋、道三教之精華創立全真道，教人讀《孝經》《心經》《道德經》，並將三教的功夫境界融入內丹學之中，使道派和內丹合一，以丹道法訣布教度人。如此內丹學不失傳，全真道不滅，則中華文明之火種猶在，中華民族則不會衰亡。

三、道教思想淵源

中國傳統攝生學的萌生，始於商周時期，甚至可以追溯到遠古時代的伏羲氏。伏羲時代距今約8000年前，伏羲是傳說中人類文明的始祖，被尊為「三皇之首」「五帝之冠」。

相傳，伏羲氏仰觀天文、俯察地理、近取諸身、遠取諸物，洞悉了天地人及萬物的自然科學規律，用最直觀的陰陽理論和「陰爻」「陽爻」兩個符號，來構築宇宙萬事萬物。陰陽相生、生生不息，而陰陽相生是無極生太極、太極生兩儀、兩儀生四象、四象生八卦。

伏羲氏創畫了先天八卦，揭示了宇宙間萬事萬物陰陽運變的根本規律和法則。後來，文王被拘，將先天八卦演變成後天八卦。

伏羲文化是華夏文明的瑰寶，那時沒有戰爭，先民們與大自然和平共處，並不斷積累著各種生活經驗和生產經驗。

代代相傳，產生了《易經》《道德經》《周易參同契》《黃帝內經》等劃時代的偉大經典著作，並成為了道教思想及內丹學的主要來源。

第二節 《易經》

一、什麼是易經

《易經》是我國一部最古老而深邃的經典，是華夏五千年智慧與文化的結晶，被喻為「群經之首，大道之源」，在古代是帝王之學，政治家、軍事家、商家的必修之術。《易經》免災於「焚書坑儒」，成為後世帝王之必修術。

凝聚著中國古聖先賢古老智慧的《易經》，曾被誤解為是一本以伏羲先天八卦圖算命的書。其實，算命只是它最小的用途，實質它是解開宇宙人類密碼的寶典。

《易經》是一部宇宙代數學，是站在高維空間的角度洞悉三維空間的人和事。易經上談天文，下談地理，中談人事。

《易經》中蘊藏的天人之道，就是人類的生命密碼。只要我們掌握了相應的「口令」，宇宙生命就能「操之在我」，生、老、病、死盡在掌握。所以藥王孫思邈說：「不知易，不足以言太醫。」

二、易經的基本機理

1. 生生之謂「易」

「易」的生成過程就是宇宙的生生化化。宇宙是從混沌未分的「無極」生發出來的，而後有「陰」「陽」，天地之所以為天地，根本即是生生之理。

「易」表現著宇宙的生化過程。《序卦》中說：「有天地，然後有萬物；有萬物，然後有男女；有男女，然後有夫婦；有夫婦，然後有父子；有父子，然後有君臣；有君臣，然後有上下；有上下，然後禮義有所錯。」

2.《易經》的世界觀

《易經》的「陰」「陽」，是一種世界觀和宇宙觀，它認為整個世界是在「陰」「陽」兩種相反相成的力量作用下不斷運動、變化。

當陰陽與中醫結合，便成了一種方法論，中醫認為人體疾病的發生亦不出陰陽之理。

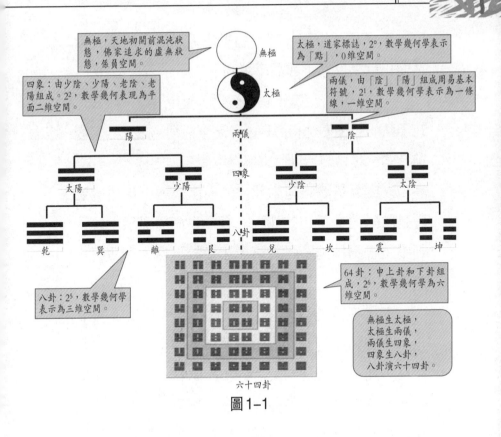

六十四卦

圖1-1

三、《易經》所蘊含的道家攝生機理

1.《易經》揭示了人生死命運之道

《易經》被儒家尊為「五經」(《易》《詩》《書》《禮》《春秋》)之首,它以一套卦象符號系統來描述事物狀態變化,充分體現了中國古典文

化的哲學和宇宙觀。其中心思想係以陰陽兩種元素之變化論來形容世間萬事萬物。

一陰一陽之謂道，陰中有陽，陽中有陰。陰陽是在不斷的互相變化和消長中，陰至極則為陽，陽至極則為陰。《易經》以此來解釋世間萬物的變化。

太極圖是陰陽運動規律的高度濃縮。生命的過程是陰陽消長轉化的過程。太極生命鐘提示：陰極則陽生，陽極則陰長，衰老起步於陽極，生命終止於陰極。

古代中國的智者，觀察了宇宙事物的遷移變化，萬物興衰的過程後，瞭解天地間有一定的法則存在，並可依易理的統計分析、歸納，找出可循的軌跡。我們撇開迷信從另一種角度看，研究人的本質這門學術，就是一種統計學，是一種五行的數學，事實上它是依自然法則，由假設到求證，都有科學依據，推算人生榮枯得失，往往得到很微妙的應驗。

2.《易經》五行觀中的道家攝生

五行，最早被稱為「五材」，是指木、火、土、金、水五種物質。

　　五行相生關係：木生火，火生土，土生金，金生水，水生木。

　　因此，木為火之母，火為木之子；火為土之母，土為火之子；依次可類推。

　　五行相剋關係：木剋土，土剋水，水剋火，火剋金，金剋木。

　　當生者旺，所生者相，生我者休，剋我者囚，我剋者死。

圖1-2

　　《易經》中的五行，即金、木、水、火、土，古人認為宇宙由這五種物質組成，宇宙間各種事物

現象的發展、變化都是這五種物質不斷運動和相互作用的結果。五行中，金、木、水、火、土這五種物質相生相剋、相互推動又相互制約。

人從脫離母體、臍帶剪斷那一刻起，人的五行多寡定格，生命運程也隨之定局。人本身即具有能存在宇宙循環系統某一「切點」之上，由於出生的時間、空間不同而命運軌跡各異。

人之有先天命運，乃是因為人在出生時及出生後受到宇宙中五行力量所左右的緣故。

3.《易經》中的道家性命雙修

《易經》說「窮理盡性以至於命」。性，指心性，即心神；命，指生命，即生理。道家強調性命互根，因此必須性命雙修。

性命雙修的過程就是修煉精炁神，自然是把後天精炁神返還為先天的元精、元炁、元神，然後分別封藏於上、中、下三丹田內。

性命之精炁神的修煉，道家強調分三個過程：第一，煉精化炁；第二，煉炁化神；第三，煉神還虛；這個過程就叫道家內丹修證次第。

4.《易經》四正卦與道家子午小周天

道家的小周天功是和《易經》的四正卦分不開的。四正卦就是乾、坤、坎、離四個卦，在先天八卦圖裡這四個卦剛好位於正北、正南、正東、正西四個方位。道家的小周天功是取坎填離，與《易經》是分不開的。

道家修煉精炁神是由子午周天功進行的，小周天功就是任督功。具體是取坎填離，就是把坎中先天的陽炁由督脈上升，從任脈下降藏於下丹田（氣海），得經中丹田（膻中）還歸於上丹田（祖竅）即填於離宮，於是後天八卦復歸於先天八卦。

5.《易經》六十四卦與道家內丹術修煉

魏晉時期魏伯陽的《周易參同契》把《易經》十二消息卦用於說明一年中的陰陽消長，應用於說明丹道修煉的火候（強度），提出了「進陽火」及「退陰符」兩個修煉火候的掌握。

進陽火：即把十二消息卦的前六卦（自八月復卦起至次年乾卦）的陽長陰消階段，定為進陽火，即第一，呼吸以吸為主；第二，呼吸強度增大，頻

率增大；第三，精氣由督脈上升。

退陰符：把十二消息卦的後六卦（逢姤卦5月起至坤卦10月）的陰長陽消階段，定為退陰符，即第一，呼吸以呼為主；第二，呼吸強度減弱，頻率減慢；第三，精氣由任脈下降。

《易經》的陰陽消長理論，使道家內丹修煉與日月密切結合，從而達到了一個更高的境界。

6. 源於《易經》的中醫情志療法

《易經》五行理論與中醫相結合也揭示了情志攝生的真諦。

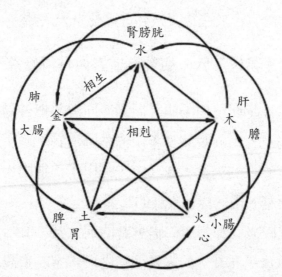

圖1-3　五行相剋相侮圖

大怒傷肝，悲勝怒（金剋木）

大喜傷心，恐勝喜（水剋火）

大思傷脾，怒生思（木剋土）

大悲傷肺，喜勝悲（火剋金）

大恐傷腎，思勝恐（土剋水）

7.《易經》中的道家陰陽栽接雙修攝生

道家認為陰陽分居於男女異身，男人一身屬陰，只有一點屬陽，而女人一身屬陽，只有一點屬陰。孤陰不生，孤陽不生，採陰補陽或採陽補陰是一種道教修煉方法，指男女由性交雙修互相採補，使「陰陽平衡」而得道長生，這屬於中國古代道家「房中術」的概念。

《易經》咸卦曰：「兌上艮下，咸，亨，利貞，取女，吉。」

六爻卦辭曰：「初六，咸（感也）其拇。

六二，咸（觸）其腓（小腿）。

九三，咸其股（大腿）。

九四，貞吉，悔亡，憧憧往來，朋從爾思。

九五，咸（觸）其脢（背）無悔。

上六，咸其輔頰舌。」

啟示：徐徐戲嬉，待盈是常，忌精虧交結，以免傷腦損腎折壽。

古書《仙經》記載：「令人長生不老，先與女戲，飲玉漿。」

現代房中術理論：弱入強出，動而少泄，固精攝生，還精補腦。

彭祖曰：「天地得交接之道，故無終意之限，人能則之，得不死之道。」

陰陽栽接雙修術：三淺一深秘法；九淺一深秘法。

精漏防範：

①精關不固，遺精或滑精。可習練運和丹道之強腎要訣及千斤閘秘法。

②精室受擾，相火妄動，夢遺，為腎陰虛。運氣點穴或針灸內關、關元、中極。

8.《易經》中的經脈導引攝生

所謂經絡，就是人體運行氣血、聯絡臟腑、溝通上下的通道。

經絡分陰經、陽經、陰絡和陽絡，其中，十二正經，就分手足三陰經和手足三陽經。此中陰陽思

想亦是來源於《易經》。

手足三陰經，行於人體內側，主要和五臟相關連；手足三陽經主要行於人體外側，主要與六腑相關連。

奇經八脈：任脈、督脈、衝脈、帶脈、陰蹺脈、陽蹺脈、陰維脈、陽維脈，重要作用是聯繫調控十二正經，「內屬於臟腑，外絡於肢節」。

9.《易經》中的道家仿生攝生

烏龜的長壽秘訣全在腹式呼吸。而人在站立後，腹式呼吸逐漸退化，於是人類的很多功能與潛能都隨之消失。本書所介紹的一些內丹攝生功法很多是根據《易經》的仿生原理將呼吸還原為腹式呼吸以及逆腹式呼吸。

第三節　醫易同源

一、《黃帝內經》

《黃帝內經》是中國傳統醫學四大經典（《黃帝內經》《難經》《傷寒雜病論》《神農本草

經》）著作之一，是我國醫學寶庫中現存成書最早的一部醫學典籍。它是研究人的生理學、病理學、診斷學、治療原則和藥物學的醫學巨著。

在理論上建立了中醫學上的「陰陽五行學說」「脈象學說」「經絡學說」「病因學說」「病機學說」「病症」「診法」「養生學」等學說。其醫學理論系建立在中國古代道家理論基礎之上，反映了我國古代天人合一的思想。

《黃帝內經》中講：「上古之人，春秋皆度百歲乃去，而盡終其天年。」早在幾千年前，充滿智慧的中國人就能按照自然界的運行規律來推演人的一生了。美國學者海爾弗里根據細胞分裂次數來推算人的壽命，得出的結論是人的壽命應該為120歲。

中醫的理論基礎是與中國古代的哲學思想相通的，「醫易同源」就是對這種相通性的一種客觀認識。《黃帝內經》作為中醫的理論經典，充分汲取了《易經》的精華，並把它創造性地和醫學相結合，使中醫成為了一門具有很高哲理水準的自然科學。所以藥王孫思邈說：「不知易，不足以言太醫。」

《黃帝內經》也是一部攝生寶典。其中講到了怎樣治病，但更重要的是在講如何「不生病、治未

病」。

二、中醫與《易經》陰陽五行學說

古人認為宇宙是由金、木、水、火、土這五種最基本物質構成的，宇宙間各種事物和現象的發展變化都是這五種不同屬性的物質不斷運動和相互作用的結果。五行之間存在著相生相剋的規律。

《易經》的陰陽，是一種世界觀和宇宙觀，當陰陽與中醫融合，便成了一種方法論，中醫認為人體疾病的發生發展，也超越不出陰陽這個範疇。五行，即金、木、水、火、土，它在中醫理論中與人體的五臟相對應，如肝屬木、心屬火、脾屬土、肺屬金、腎屬水。

五行中，金、木、水、火、土這五種物質相生相剋，它的表現為陽氣上升、陰氣下降，陰陽互動，和諧統一。

三、《易經》與現代遺傳學

在現代遺傳學中，DNA（去氧核糖核酸）核苷酸順序和蛋白質中的氨基酸順序之間的關係稱為遺傳密碼。遺傳密碼是由鹼基的三聯體（相當於《易

經》八卦的三爻）組成，可在DNA分子上按順序讀出，且互不重疊。

DNA是一切生命形式的普遍遺傳物質。同《易經》的太陰、太陽、少陰、少陽一樣，DNA也由四種不同的鹼基組成：即腺嘌呤、鳥嘌呤、胸腺嘧啶、胞嘧啶。DNA的結構呈雙螺旋形式，這也同《易經》中陰陽兩個基本符號相似。

由DNA的三聯體密碼重疊，可形成於類似《易經》64卦相對應的符號系統。這並非出自偶然，而是自然界物質的發生和演化合乎一種規律造成的。

第四節　醫道同源

中醫中最重要的兩部著作《靈樞》與《素問》合稱為《黃帝內經》，其中《素問》多為黃帝與岐伯關於中醫的問答，雖多為託名，但黃帝被尊為中醫之鼻祖且中醫又稱為岐黃之術，這是不可否認的。而道家之學說又稱為「黃老學說」，道家著作又多含黃帝捨其帝位而一心求道之事，可見道家亦認黃帝為其始祖。

除此之外，道家與中醫在內容上亦有相通之

處。中醫，名為中庸之醫術，講究的便是調和陰陽，其旨實與道家同歸於一。

如上古天真論曰：「有真人者，提挈天地，把握陰陽，呼吸精氣，獨立守神，肌肉若一，故能壽敝天地，無有終時，此其道生。有至人者，淳德全道，和於陰陽，調於四時，去世離俗，積精全神，遊行天地之間，視聽八遠之外，此蓋益其壽命而強者也，亦歸於真人。有聖人者，處天地之和，從八風之理，適嗜欲於世俗之間，無恚嗔（ㄏㄨㄟˋ ㄔㄣ）之心，行不欲離於世，被服章，舉不欲觀於俗，外不勞形於事，內無思想之患，以恬愉為務，以自得為功，形體不敝，精神不散，亦可以百數。有賢人者，法則天地，象似日月，辯列星辰，逆從陰陽，分別四時，將從上古，合同於道，亦可使益壽而有極時。」

可見中醫至高境界便是「與道合真」，而醫道之精粹也是「法天地陰陽之理，行針砭藥石之術」，從而「合同於道」。

當我們把目光轉向道家時我們可以看到《莊子·在宥》中有說：「故君子苟能無解其五藏，無擢其聰明，屍居而龍見，淵默而雷聲，神動而天隨，

從容無為，而萬物炊累焉。吾又何暇治天下哉！」道家以治天下而為宗旨在此彰顯無遺。

妙哉！此為醫道之至高者乎！

無為，不僅是道家修煉之旨，亦是中醫養生之旨。

其實，中醫之養生與道家之修煉根本上是同出一轍，其目的便是追求長生不老。而中醫之養生法亦可謂脫胎於道家修煉之法。

如《內經·遺篇刺法論》中記載一養腎之法：「腎有久病者，可以寅時面向南，靜神不亂思，閉氣不息七遍，以引頸咽氣順之，如咽甚硬物，如此七遍後，餌舌下津無數。」

這其中便包含了靜神、服氣、吞津，無一不與道家之修煉丹法相合。

「《靈樞》《素問》各九卷，何字非尊生之決？茲所摘者，不事百草而事守一，不尚九候而尚三奇。蓋觀天之道，執天之行，進百年而為萬古尊生之道，於是為大矣。因知不根於虛靜者，即是邪術；不歸於簡易者，即是旁門。誠能於此精求，則道德五千，丹經五卷，豈復有餘蘊哉！」

第五節　萬古丹經之王《周易參同契》

道教修煉最高層次就是內丹術，而內丹術修煉的經典著作就是《周易參同契》。此書集黃老、煉養、易學內容於一體，其間燒煉丹藥的三大要素——藥物、鼎爐以及火候，書中皆有講述，被丹道各派奉為「萬古丹經之王」，乃必修之書。它也是道教丹鼎派最早的理論著作，流傳至今已有1800多年，後人視其為超越凡人得道成仙的修煉寶典。

一、何爲「參同契」

《周易參同契》者，東漢魏真人伯陽所作，蓋以易道明丹道，假卦爻法象以顯性命根源也。《參同契》以內煉為主，謂修丹與天地造化同途，故托易象而論之。係一部用《周易》理論、道家哲學與煉丹術（爐火）三者參合而成的煉丹修仙之作。魏伯陽其人則被後人稱為「丹經之祖」。

易道之理，不外一陰一陽；丹道之用，亦不外一陰一陽。參者，參悟之參；同者，合同之同；契者，相契之契。御政、養性、伏食三家必參互，大

易性情、黃老養性、爐火之事合同為一，方與盡興至命之大道相契。實為丹經鼻祖，諸真命脈。

古聖賢為了啟示後世修道之人，著成圖文並茂的丹經，但恐洩露天機，所以只寫出丹道的枝條梗概，而隱藏了最核心的機密即修煉丹訣、關竅及火候。

二、魏伯陽的故事

魏氏，吳人（今蘇州人），名翔字伯陽，自號雲牙子。魏伯陽的生平事蹟未見於正史。據葛洪的《神仙傳》記載：「魏伯陽出身高貴，而性好道術，不肯仕宦，閒居養性，時人莫知其所從來。」

魏伯陽修真潛默，養志虛無，博瞻文詞，精通緯候，恬淡守素，惟道是從，視軒冕如秕糠（ㄅㄧˇㄎㄤ）。乃從陰長生得受金丹大道，費時七七四十九天煉丹，丹成，知弟子中有守道未篤者，就餵一條白狗服食了丹藥，白犬假死。自己也服丹假死，以試弟子，獨有一虞姓弟子說：「我師傅非凡人，服丹而死，將無有意耶？」也服丹藥進入假死狀態，另外兩個弟子不肯服食而出山去。

二人去，魏伯陽即起，將解藥放入假死弟子及

白狗口中，他們都活了過來，一起升仙而去。後來托入山砍柴的樵夫，送信給兩個出山的弟子，二人方乃懊悔不已。

三、《周易參同契》之逆練歸元

1. 衰老學說 順應向前

每個人都會經歷生老病死，關於衰老的原因，現代研究者給出了許多答案，歸納起來主要有以下八大類：

①程式衰老説：認為衰老是因為DNA控制個體的衰老程式，控制年輕的DNA合成。

②體細胞突變説：認為機體的體細胞可發生突變，如環境的輻射或放射性物質在體內的積累，都會導致人體衰老。

③錯誤成災説：認為細胞在合成蛋白過程中完全有可能隨機地發生錯誤，使細胞乃至個體衰老死亡。

④自由基説：認為衰老過程源於自由基對細胞及組織的毒害，從而失去原來的免疫作用，導致衰老。

⑤神經內分泌說：認為下丘腦、松果體、腎上腺是調節衰老過程的主要場所，神經元及有關激素的功能下降，則會導致或調控全身功能退行性變化。

⑥免疫衰老說：認為隨著年齡增長，機體免疫系統功能就會逐漸下降，人會因疾病感染而衰老、死亡。

⑦體液酸化說：認為皮膚應保持酸性，而體液必須保持弱鹼性，如果不能保持就會生病或衰老。

⑧廢物堆積說：認為細胞衰老是由於廢物堆積造成的，如果不能常像掃地一樣打掃，衰老就不可避免。

而在《周易參同契》中，對於衰老的原因，認為是人的先天元炁在入世後不斷減少導致衰老得病，以致死亡。所以須防病於未然，透過丹道修煉而恢復先天元炁，即後天返先天，如此達到永葆青春而長壽。

2. 不老學說 逆練歸元

《周易參同契》中所宣導的長生、長壽之法是逆練元炁，用逆不用順，透過逆練之後，就會返還

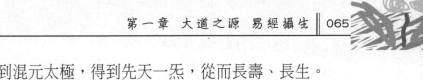

到混元太極，得到先天一炁，從而長壽、長生。

「順則生人，逆則成仙」，透過內丹修煉，返還到混元太極的境界。這混元太極，道教也稱之為先天一炁，宇宙萬物皆起源於一片虛無的先天一炁，先天一炁是宇宙萬物的生命起源，是自然界的初始資訊，是維持宇宙秩序的資訊源。如果人得到了這先天一炁，就能使生命節律和宇宙自然節律相符，從而使人返回到初始狀態，進入道的境界。

順則人，逆則仙，丹道修煉運用的是與人的生理自然規律背道而馳的逆行法。逆天而行，倒轉乾坤，要用丹功實現由老返壯。這是逆著自然規律，走返老還童的道路。

比如，眼睛是往外看的，練功時要求二目垂簾返觀內視；耳是聽於外的，練功時則凝耳韻斂神內聽；鼻是嗅外界五味的，又是呼吸器官，練功時要調息理氣，行深呼吸或逆呼吸，以至胎息，至最高境界達到停止呼吸（釋家稱二禪息住）；口舌是用來吃飯說話的，練功時要閉口藏舌，舌頂上齶，有話藏在腹裡；心（指管思維活動的靈心）是往外想的，練功時首先必須把它集中於雙目之間，方算收心求靜。即要求心定念止，神不外馳，把放出去的

心收回來。這正是孟子所說的：「人有雞犬放而知求，有放心而不知求。」孟子又說：「食色性也。」這就是說，食與色是人的天性，所以，人必須控制食與色方有可能得道長生。

要想逆練歸元，達到先天一炁的虛無狀態，主要有三種方法：

一是頓悟頓修，稱為「最上一乘」，即明心見性，煉神還虛。此法以「無」為訣，在虛極靜篤時，精自化炁，炁自化神。

二是頓悟漸修，稱為「上乘」，即先明理，後依法碎步快跑；或依法捷足先登再頓悟其理。其法不經內丹上中下三關，但修煉次第科學，步步直入虛空大定境界。

三是漸悟漸修，稱為「中乘」，即由築基開始，亦步亦趨，煉精化炁，煉炁化神，煉神還虛。程式嚴謹，但費時費力，險關亦多。

第二章

道教內丹術攝生

　　道教以生為樂，追求的是今生的修行，看重個體生命的價值，無論是誰透過今生的修煉都可以脫胎換骨，超凡入仙，而不必等死後靈魂的超度。只要按照道教規定的道功、道術勉力修行，堅持不懈，就可以成仙。這一點與佛家「人生來就是受苦的」「今生受苦來世才可以享受富貴」是截然相反的，所以它更適合我們。

第一節　道教攝生術

一、道教攝生術的發展

　　中國傳統養生學的萌生，始於商周時期，甚至可以追溯到遠古時代龍馬負圖，伏羲觀象畫卦。相

傳，伏羲氏仰觀天文，俯察地理，近取諸身，遠取諸物而先天八卦始成。後來，文王被拘，將先天八卦演變成後天八卦。八八六十四卦三百八十四爻，可以說是盡性命之理，遠在六合之外，僅在一身之中。伏羲時代距今約8000年前，伏羲是傳說中人類文明的始祖，被尊為「三皇之首」「百王之先」。

他最大的貢獻是在觀察天地日月運行規律的基礎上，創立八卦和六十四卦曆法，以概括類別陰陽消息及自然界中的萬物，使他們有了更準確的作息時間。八卦可以推演出許多事物的變化，預卜事務的發展。它是人類文明的瑰寶，被廣泛應用到各個領域中。可見，遠古時代的人類就開始了以易學思想研究人體養生的實踐活動。

皇帝問道廣成子——「崆峒駕鶴遊，鼎湖乘龍去。」伏羲之後的黃帝，在中華養生史上具有承前啟後的重要地位。黃帝姓公孫，因生於軒轅之丘，號軒轅氏，在姬水生長成人，所以又以姬為姓。當時，炎帝已經衰落，蚩尤暴虐無道，兼併諸侯，戰亂不已，生靈塗炭，炎帝求助於黃帝。黃帝依然肩負起安定天下的責任，與蚩尤戰於涿鹿，終擒蚩尤而誅之。諸侯尊為天子，成為天下共主。因有土德

之瑞，故稱為黃帝。當天下大治之時，黃帝在圜丘祭天之後，返回宮室，靜坐存想，突然生出尋仙求道之心。

廣成子，古代傳說之仙人，是道教「十二金仙」之一，長期隱居於崆峒的山石穴中，曾提出守一、處和的修道原則，年1200歲卻容顏不老。於是，黃帝專程前往上山問道向廣成子請教修身的方法。廣成子授其《自然經》一卷，並告訴他，修道所達到的最高境界就是凝神靜修，注重內心的修養，排除外界的干擾，專注於養性，永遠心境平和清靜無為。此外，廣成子告訴黃帝養生的方法顯然是以「靜功」為主。而道家的「靜功」攝生，也正是主要由調節心神，育養真氣以調整臟腑氣機，促使整體功能活動協調平衡，更好地健身治病的功效。

西元前50世紀，天人合一整體觀的形成標誌著養生概念的成熟。西元610年，隋大業年間，當時的太醫令巢元方在《諸病源候論》集中論述了各種疾病的病源和病候，但書中沒有藥方，只列攝生方、導引法213種。

由此可知，中國從那時起就已經將養生作為治療的常規方法，並得到官方的重視。整個中醫藥和

養生體系在《黃帝內經》時代就已經很成熟。

道教攝生術是道教繼承和汲取傳統的攝生方法，在內修外養的過程中，形成的一套完整的攝生理論和技術次第，以求實現長生不死、羽化登仙的最高目標。

《南華真經》《逍遙遊》《齊物論》等篇中，有關於神仙的描述，稱「肌膚若冰雪，綽約如處子。不食五穀，吸風飲露，乘雲氣，御飛龍，而遊乎四海之外」。

道教沿用了道家的觀念，將「道」解釋成物質世界和精神世界的本原，先天地生的神靈，天下萬物的造物主，同時，又將道家的「根深蒂固，長生久視」之道衍化為人的長生不死，認為道可以因修而得，與天地永存。道教在東漢形成後，就逐漸把神仙方士們的一系列追求長生的方術都吸收為實踐「長生久視」之道的道術，並且做了種種探索和發展，大致經歷了四個時期：

第一，東漢至魏晉南北朝時期。這時許多道教攝生大師承前啟後，完成了許多重要的攝生著作。如魏伯陽的《周易參同契》，張陵的《老子想爾注》，葛洪的《抱朴子內篇》，魏華存傳《黃庭

經》，陶弘景的《養性延命錄》等等。道教的攝生思想逐漸系統化，提出了「重人貴生」「天人合一」「我命在我」「形神相依」和「眾術合修」等一系列的命題，為道教攝生術的發展奠定了較完整的理論基礎。

第二，隋唐時期。這一時期的道教攝生著作，有名醫道士孫思邈的《千金要方》《千金翼方》《攝養枕中方》，司馬承禎的《坐忘論》，崔希範的《入藥鏡》等。道教的攝生術在理論上吸收了部分佛教和醫家的內容，進一步發展和完善，並且出現了一些新的攝生方法。

第三，宋元時期。除了外丹術的衰落以外，道教的各種攝生方法繼續得到發展，特別是內丹術成為各種攝生方法中的主流。這一時期的許多道教攝生大師，吸收融會吐納、導引和存思等方法，完成了許多內丹名著。如《修真十書》和張伯端的《悟真篇》，陳虛白的《規中指南》，邱處機的《大丹直指》，孫不二的《孫不二元君法語》，俞琰的《周易參同契發揮》，李道純的《中和集》等等。

第四，明清直至現代。道教逐漸衰落，內丹家派系雖多但發展遲緩。而道教攝生術卻逐漸為社會

所認識，並廣泛傳播。在流傳過程中，又同佛教禪、密修持方法與近現代的體育方法相結合，道教攝生術中的神秘主義部分逐漸淡化。較有影響的著作有張三豐內練著作《全集》，陸西星的《方壺外史》，李西月的《道竅談》《三車秘旨》，伍守陽的《天仙正理直論》，柳華陽的《慧命經》《金仙正論》，劉一明的《道書十二種》，閔小艮的《古書隱樓藏書》，陳攖寧的《道教和養生》等等。

二、道教攝生術的主要原則和內容

攝生是先秦道家思想的實踐，也是後世道教徒的宗教行為。如果說，道教的教義包括道教徒對於人和自然、精神和肉體等的認識，那麼道教攝生術就是在教義指導下，道教徒的行為體現。

「重人貴生」是道教攝生術的哲學基礎。《道德經》稱「道大，天大，地大，人亦大」，將「人」放在與「道、天、地」同等重要的地位。道教將「重人貴生」作為自己教義思想的重要組成部分，認為人應當重視軀體和熱愛生命。因此，煉養身軀以求得長生成仙就成了道教徒的目標。

「天人合一」也是道教攝生術的重要思想。

《淮南子・天文訓》稱「趾行喙息，莫貴於人；孔竅肢體，皆通於天。天有九重，人亦有九竅。天有四時以制十二月，人亦有四肢以使十二節，天有十二月以制三百六十日，人亦有十二肢以使三百六十節。故舉事而不順天者，逆其生者也。」

「眾術合修」是道教攝生方法的重要原則。先秦時期，先人為了尋求長生已經實踐過大量方法。道教由於有較系統的教義思想和明確的長生目的，因而能全面繼承這些攝生方法，博採眾長不偏執一家，並且在自身的修煉實踐中全面推進各種攝生方法。

道教攝生術的主要內容有：

①守一。大約在東漢時就曾廣泛流行過。魏晉以後，逐漸同存思、吐納、導引等方法融合在一起，成為後來內丹修煉的一個重要環節。

②存思。魏晉時期曾廣泛流行。有稱人體內各部分各有神靈居住，將意念存於體內，稱為存神，存神而與神合一，即可登臨仙界。有的主張，存思中應以意念內觀自身臟腑，就可獲得自身臟腑之形象，這就是內視。

③導引。大約在秦漢時已經流行。其後，導引

之勢越來越多，並與氣息調節的關係越來越密切，成為後來的內丹修煉的一個內容。

④吐納。大約秦漢時已在流行。後來的內丹功夫也十分重視氣息，強調在呼吸中吐故納新，獲得先天之氣以補後天之氣。

⑤胎息。大約秦漢時已在流行。魏晉以後，逐漸同吐納、導引等方法融合在一起。調節呼吸以達到似胎息之狀，成為後來內丹功法的一個重要環節。

⑥服食。早在戰國時期就已經形成並流傳，在魏晉和唐代曾兩度成為攝生的主要方法。服食的對象大致又有兩類：草木藥和金石藥。草木藥的功效在於補救「虧缺」；金石藥因為採自天地之間，古人認為服金石藥即可長存不朽。

⑦外丹。是用爐鼎燒煉鉛、汞等礦石，煉製不死丹藥，以求長生，大約形成於西漢時，到唐代達到鼎盛。在客觀上對於中國古化學史和古醫學藥史產生過相當大的影響。

⑧內丹。是以人體比作爐鼎，以人的精、炁、神作為對象，運用意念，經過一定步驟，以求精、炁、神在體內凝聚成「丹」，以求長生。內丹之說

大約始於南北朝的後期。在外丹術衰微以後，內丹術逐漸成為道教攝生的主要方法。從宋元直至明清，道教內丹術內容逐漸豐富，融會貫通了古代的守一、存思、導引、吐納和胎息等各種方法，並且形成了南宗、北宗、中派、東派和西派等派系，各派丹法也各有側重。

⑨房中。指男女性生活的和諧有度、還精補腦、陰陽栽接雙修等房事方法，以求長生。

戰國時期，房中術已經形成。兩漢時就已有較系統的理論。早期道教並不禁慾，還將房中術納入道術之中。

⑩起居。起居攝養之道，春秋戰國時期的思想家們多有論述，道教綜合繼承並加以系統化，形成了一套較為完整的頤養生息的起居之道。

三、道教攝生術的價值所在

攝生術是整個道家文化遺產中的瑰寶，也是中國傳統攝生方法的主幹。英國著名學者李約瑟在《中國科學技術史》的第二卷中曾經高度評價說：「道家思想從一開始就迷戀於這樣一個觀念，即認為達到長生不老是可能的。我們不知道在世界上任

何其他一個地方有與此近似的觀念。這對科學的重
要性是無法估量的。」

　　道教對於長生的追求，客觀上推動了中國醫藥
學、攝生學、古化學等的發展，也包括了中國保健
體育技術的發展。其中，一些領域的理論和實踐對
於中東和西方曾經產生過直接的影響。道家攝生術
的發展，也為人體科學的研究，積累了大量的實踐
材料。正因為如此，道教的攝生術也就成了世界傳
統攝生方法中的寶貴財富。

四、道家內丹術與中醫陰陽氣化理論的
　　辯證關係

　　中國道學是以老子、莊子為代表的道家氣化思
想，《莊子・知北遊》中有言：「人之生，炁之聚
也。聚則為生，散則為死。」《鍾呂傳道集》中曰：
「凡身中以火言者，君火、臣火、民火而已。三火
以元陽為本，而生真炁，真炁聚而得安，真炁弱而
成病。若耗散真炁，而走失元陽，元陽盡，純陰
成，元神離體，乃曰死矣！」

　　這就告訴我們，氣是構成生命的源泉，追求氣
的有益變化是攝生的主要目的。

　　《醫理真傳》曰：「可知陽者陰之主也，陽氣
流通，陰氣無滯……陽氣不足，稍有阻滯，百病叢
生。」人體正常生理是以陽為主導的陰陽二者相對
平衡協調的結果，人體疾病的發生和發展，是以陽
氣為主的陰陽對立統一協調的正常關係遭到破壞所
致。人身陽氣（命門真火）亦稱真陽、元陽、元
氣、龍雷之火，有它才有生命，無它便無生命可
言。道醫認為，一切陰（四肢百骸、五臟六腑、精
血津液）皆是靜止的，謂之「死陰」；唯獨陽（命
門真火）是靈動活潑的。陽氣一絕，生命便告結
束，剩下的只是一個軀殼而已（因此人的壽命被稱
為陽壽），所謂「陽不患多，貴在潛藏」，正是
「養生就是養陽氣」。

　　後世道家氣功提出「人在氣中，氣在人中」，
即本源於此。正是在道家內丹術的修煉中，體悟並
發現人體中的經絡現象。正如古人所描述過的，在
運行小周天時，初期身體會有發熱、發脹、發麻如
電流的體感，隨著火候功力的增強，會感覺體內有
一股氣流沿身體正中線任督二脈走動。如堅持不懈
科學修煉，不久則會運行大周天，全身行氣麻如電
流，神庭處有一團「亮光」沿十二正經和任督二脈

恧行。道醫不分，十道九醫，如岐伯、俞跗、少俞、扁鵲、葛洪、孫思邈等皆為高壽道醫。據記載，俞跗能夠觀察、測度經絡感傳現象，發現經絡上的腧穴（係臟腑經絡之氣輸注於體表的特殊部位）。經過兩千年無數道醫先聖的前赴後繼，逐漸完善形成了現代醫學中的經絡腧穴體系。

丹家修煉必須通小周天，而小周天主要通任督二脈，此二脈主全身陰陽脈之海，所以此二脈通則諸脈通，百病皆除。而通小周天要過三大難關；尾閭關、夾脊關、玉枕關。

如果元氣不足而強行武火導引通經過關不但無濟於事還會傷元氣甚至出偏，這也是丹家修煉普遍存在之通病，竟把「意通」當成「氣通」了。醫道所謂「氣虛則滯」即是形容此。

傳統中醫將人體內火分為虛火與實火。虛火大多是由陰津匱乏，細胞組織運動潤滑不利摩擦生熱所致（當滋補肝腎之陰之主）；實火大多是氣血運行受阻、瘀滯所致。如果體內濕熱並存，那就是濕熱症，此症現代社會較為普遍。凡濕熱明顯，肝火旺心情煩躁者，健肝化濕、疏肝理氣清火則奇效。

男性屬陽，以氣屬陽，故重在補腎；女性屬

陰，以血為本，重在養肝。此係傳統中醫補養所遵循的一大原則。

道醫認為：陽氣虛方使邪居胸中陽位。如冠心病如不補元氣，什麼藥都治不好。冠心病多為本虛（氣虛）標實（血瘀）證。陽氣足則血瘀自解。高血壓病理亦是如此。而高血脂（含脂肪肝）則是以肝為核心的造血機制氣化功能失調，不能把營養氣化為血而成為脂肪，《金匱要略》云：「見肝之病，知肝傳脾，當先實脾。」故調肝必健腎，此為培土榮木之道：肝腎同源，肝木得腎水之涵養則榮，失之則萎。《黃帝內經》記載有「消渴」「肺消」「隔消」等病名，是我國醫學關於糖尿病的最早論述，糖尿病是以腎、膀胱為主體的水循環系統氣化功能失調所致。前列腺增生肥大，古稱「癃閉」，該病發生原因在於腎陽不足，衝脈氣滯，以致三焦氣化失常、紊亂，如腎陽充足，命門火旺，氣化蒸騰，衝脈暢通，陰凝自解。腎主骨，主藏精、生髓，督脈隸屬於腎，總督人體全身陽氣。如腎氣虛弱，腎精虛少就不能上承於督脈，致使督脈空虛，出現腰酸背疼、板結情況，甚至在頸椎腰椎處產生病變（如骨質增生），而且在全身各處產生

各種退行性骨關節病變（關節疼痛、骨質疏鬆、頸椎腰椎病等），此類病調養的總原則是：調腎為根本，輔以健脾益氣、活血化瘀。痹症（痛風、風濕關節痛）病因在內為正氣不足，在外為風寒濕三氣雜至，導致氣血閉阻，經脈不通所致，《黃帝內經》云：「正氣存內，邪不可幹；邪之所奏，其氣必虛。」又云：「風、寒、濕三氣雜至，合而為痹也。」男性功能疾病方面根本是腎，關鍵是肝和脾。如腎氣、腎精充足，督脈充盈，腦髓得之濡養，故腦健，記憶力增強，精力充沛，房事和諧且不易疲乏。在房事中，肝決定了陽器勃起時的長度與力度，腎則決定了陽器勃起時的粗度與熱度。痤瘡粉刺及便秘等，道醫認為「腎納肺氣，肺主皮毛」，腎氣足可接納肺氣，肺朝百脈可養皮膚，肺循環系統產生免疫物質、在皮膚表面築起一道防禦系統。故肺氣足，全身皮膚氣血充足、營養物質豐富、皮膚柔嫩光滑、毛孔細。「肺為腎之母，肺主衛氣」。青春期，腎會大量消耗肺的「資源」，令其空虛，導致衛氣不足、皮膚免疫力下降，使得病菌乘虛而入，造成毛囊感染，即「青春痘」。

總之，人所有病症，其根源離不開肝、心、

脾、肺、腎五大循環系統,即五行。

透過道家內丹功夫的修煉,則可以煉己培元築基,煉精化炁,五氣充盈,充盈營衛之氣在經絡的暢通循行無阻,從而實現「外強內壯、百病不入、青春活力、長生不老」。

五、道家內丹術與中醫經絡學的辯證關係

經絡是人體經脈和絡脈的總稱。經脈貫通上下,溝通內外,是經絡系統的主幹。絡脈是經脈別處的分支,縱橫交錯,遍佈全身。經絡溝通於臟腑與體表之間,在內連屬於臟腑,在外則連屬於筋肉、皮膚、肢節,將人體臟腑、組織、器官連接成一個有機的整體,從而使人體的各部分功能活動保持相對的協調平衡。

相關學者研究發現,經脈循行路線與神經的分佈大體一致,經絡腧穴對內臟疾病的治療作用,以及許多經絡現象和穴位病理反應的發生,與植物神經系統的調節功能密切相關。現代人還由人體解剖等研究發現,穴位主治功效的分區情況與其所在神經節段的劃分相符合。雖然現代醫學意識到了經絡與神經存在某種關聯,但現代醫學僅僅籠統地認為

經絡系統是一個「神經—內分泌—免疫」三者相互協調的未知系統。

　　人體經絡分十二正經和奇經八脈。十二正經，指十二臟腑所屬的經脈，是經絡系統的主體，由臟腑及四肢組成；奇經八脈，是指十二經脈之外「別道奇行」的八條經脈，此八條經脈縱橫交錯、穿插循行於十二經脈之間。奇經八脈是任脈、督脈、衝脈、帶脈、陰維脈、陽維脈、陰蹻脈、陽蹻脈的總稱。奇經八脈中，任督二脈有自己獨立腧穴，其餘六條經脈的腧穴都寄附於十二正經與任督二脈之中。奇經八脈有蘊涵十二正經氣血、調節十二正經盛衰、統攝有關經脈氣血以及協調陰陽的作用。如任脈（陰脈之海），具有調節全身陰經經氣的作用；督脈（陽脈之海），具有調節全身陽經經氣的作用；衝脈通行上下前後，具有調節十二正經氣血的作用；帶脈約束了縱行軀幹部的各條經脈；陰維脈聯絡諸陰經，故有「陰維維於陰」；陽維脈聯絡諸陽經，故有「陽維維於陽」之稱；陰蹻脈、陽蹻脈左右成對，對分佈於下肢內外側的陰經和陽經有協調作用，故有「分主一身左右陰陽」之稱。

　　古人云：「任督二脈，人身之子午也，乃丹家

陽火陰符升降之道，坎水離火交媾之鄉。」《黃帝內經》云：「夫十二經脈者，人之所以生，病之所以成，人之所以治，病之所以起。」經絡可以「決生死，治百病」。經絡內屬臟腑，外絡肢節，溝通於臟腑與體表之間，將人體臟腑、組織器官聯繫成為一個整體，並藉以行氣血，營陰陽，使人體各部分的功能可以保持協調和相對平衡。由此經絡的作用強大，基本可以歸結為以下三種：

①抗禦病邪、保衛機體。營氣行於脈中，衛氣行於脈外。經絡「行氣血」而使營衛之氣密佈周身，在內和調於五臟，灑陳於六腑；在外抗禦病邪，防止內侵。衛氣充實於絡脈，絡脈散佈於全身而密集於皮表，當外邪侵犯機體時，衛氣首當其衝發揮其抗禦外邪、保衛機體的屏障作用。

②聯絡溝通、傳導功能。體表所感受到的病邪和各種刺激，可傳導至臟腑；臟腑的功能失常，也可反映於體表，這些都是經絡溝通作用的具體體現。

③運行氣血、營養全身。氣血是人體生命活動的物質基礎，全身各組織器官只有得到氣血的溫養和濡潤才能完成正常的生理功能。經絡是人體氣血運行的通道，能將營養物質輸送到全身各組織器

官，使臟腑組織得以補充營養，筋骨得以濡潤，關節得以通利。

筆者拜訪武當山紫霄宮古稀之年的通愚老道長，其在練功中親身體驗到「陰陽十二經脈」的運行規律，老道長一生的丹功修煉經歷使筆者更堅定了「運和丹道」依武入道修煉程式的科學性。明代醫藥學家李時珍在《奇經八脈考》中云：「內景隧道（即是指人體經脈循行的動態線）惟返觀者（是指修行煉道者應用返觀內照之法）能照察之。」說明唯透過靜功修煉親身獲得體驗的人，才能體會到經脈循行的真實情況。從而印證了中醫陰陽十二經脈和相應腧穴完全是古代先聖們在修丹煉道中，是通過切身氣脈巡行感應所發現的事實（表2-1）。

表2-1　十二正經巡行簡表

左側正行右側反行		右側正行左側反行	
左側手三陰經	胸—手	右側手三陰經	胸—手
左側手三陽經	手—頭	右側手三陽經	手—頭
左側足三陽經	頭—足	右側足三陽經	頭—足
左側足三陰經	足—腹	右側足三陰經	足—腹
右側足三陰經	腹—足	左側足三陰經	腹—足
右側足三陽經	足—頭	右側足三陽經	足—頭
右側手三陽經	頭—手	左側手三陽經	頭—手
右側手三陰經	手—胸	左側足三陰經	手—胸

六、丹經《鍾呂傳道集》論述道功　與中醫五行的辯證關係

鍾祖曰：惟人也，頭圓足方，有天地之象；陰降陽升，又有天地之機。腎為水，心為火，肝為木，肺為金，脾為土。若以五行相生：則水生木，木生火，火生土，土生金，金生水。生者為母，受生者為子。若以五行相剋：則水剋火，火剋金，金剋木，木剋土，土剋水。剋者為夫，受剋者為妻。以子母言之：腎炁生肝炁，肝炁生心炁，心炁生脾炁，脾炁生肺炁，肺炁生腎炁。以夫妻言之：腎炁剋心炁，心炁剋肺炁，肺炁剋肝炁，肝炁剋脾炁，脾炁剋腎炁。腎者，心之夫，肝之母，脾之妻，肺之子；肝者，脾之夫，心之母，肺之妻，腎之子；心者，肺之夫，脾之母，腎之妻，肝之子；肺者，肝之夫，腎之母，心之妻，脾之子；脾者，腎之夫，肺之母，肝之妻，心之子。心之見於內者為脈，見於外者為色，以舌為門戶，受腎之制伏，而驅用於肺，蓋夫妻之理如此，得肝則盛，見脾則減，蓋子母之理如此；腎之見於內者為骨，見於外者為發，以耳為門戶，受脾之制伏，而驅用於心，

蓋夫婦之理如此，得肺則盛，見肝則減，蓋子母之理如此；肝之見於內者為筋，見於外者為爪，以目為門戶，受肺之制伏，而驅用於脾，蓋夫婦之理如此，見腎則盛，見心則減，蓋子母之理如此；肺之見於內者為膚，見於外者為毛，以鼻為門戶，受心之制伏，而驅用於肝，蓋夫婦之理如此，得脾則盛，見腎則減，蓋子母之理如此；脾之見於內者為臟，均養心脾肝肺，見於外者為肉，以唇口為門戶，呼吸定往來，受肝之制伏，而驅用於腎，蓋夫婦之理如此，得心則盛，見肺則減，蓋子母之理如此。此是人之五行，相生相剋，而為夫婦子母，傳氣衰旺，見於此矣。

鍾祖曰：五行歸原，一炁接引，元陽升舉而生真水，真水造化而生真氣，真炁造化而生陽神。始以五行定位，而有一夫一婦。腎，水也，水中有金，金本生水，下手時要識水中金。水本嫌土，採藥後須得土歸水。龍乃肝之象，虎本肺之神，陽龍出於離宮，陰虎生於坎位。五行順行，炁傳子母，自子至午，乃曰陽中生陽；五行顛倒，液行夫婦，自午至子，乃曰陰中煉陽。陽不得陰不成，到底無陰而不死；陰不得陽不生，到底陰絕而壽長。

　　鍾祖曰：一炁者，昔父與母交，即以精血造化成形。腎生脾，脾生肝，肝生肺，肺生心，心生小腸，小腸生大腸，大腸生膽，膽生胃，胃生膀胱。是此陰以精血造化成形，其陽止在起首始生之處，一點元陽，乃在二腎。且腎，水也，水中有火，升之為炁，因炁上升，以朝於心。心，陽也，以陽合陽，太極生陰，乃積炁生液，液由心降，因液下降，以還於腎。肝本心之母、腎之子，傳導其腎炁以至於心；肺本心之妻、腎之母，傳導其心液以至於腎。炁液升降，如天地之陰陽。肝肺傳導，若日月之往復。五行各數也，論其交合生成，乃元陽一炁為本，炁中生液，液中生炁。腎為炁之根，心為液之源。

　　西醫見效快善於治標，中醫見效慢善於治本，很多西醫無法武火根治的頑疾，透過中醫文火則可以根除。以流行的類風濕病為例，該病是由於腎、肝經出了問題（最初是腎氣不足，腎屬水，肝屬目，水生木，腎氣不足導致肝氣不足），腎主骨生髓，肝主筋爪見於目，處於關節處的骨和筋最容易受損，腎氣不足衛氣不固，風濕內侵關節處的骨與筋，於是導致了類風濕關節炎。故此病消除須從腎

經和肝經入手。如果是庸醫，頭疼醫頭腳疼醫腳，顧名思義，大多則採用消炎藥物治療，其結果只能短暫緩解，無法根治。按「虛則補其母，實則泄其子」的中醫理論，應該是從補腎氣入手，輔以祛風除濕消炎化瘀，如此則可根治。再如當今流行的頑症鼻炎，是由肺氣不足、肺經出了問題所致，肺主氣，司呼吸，肺主皮毛，開竅於鼻，邪氣極易入侵鼻孔便出現炎症，如一味消炎又乃大錯矣。

道家內丹術煉氣通經、補氣歸元治百病追本溯源便不言而喻。

腎為先天之本，生命之本源，所憑者，此火；後天之本脾胃，氣血生化之源，所憑者，此火。脾胃必賴先天腎陽之溫煦，始能蒸化水穀。腎氣一衰，火不生土，必然脾胃失運。養生如損此火則折壽，治病若損此火則損命。故古人強調「萬病不治，求之於腎」，陽氣充足與否在於腎氣是否充盈，養腎精補腎氣強五臟。脾胃為後天之本。

脾胃五行屬土，被稱為脾土、坤元。《易經》云：「至哉坤元，萬物資生。」《黃帝內經》云，「五臟六腑皆稟氣於胃」，「百病皆由脾胃衰而生也」。脾與胃相表裡，脾之氣主升，胃之氣主降。

脾胃升降之元氣混合在一起就是人們常說的中氣。
中氣乃一身之氣運轉的樞紐。中氣足，人身之氣方
能運轉自如、周流全身。脾胃居於中焦，為人身氣
化升降之中樞，胃氣不降，諸經之氣皆不得降；脾
氣不升，諸經之氣皆不得升。

　　醫道攝生，脾腎為主。腎為先天之本（又稱先
天之根），是生命的原動力、五臟精氣的源泉、生
命的主宰；腎主封藏，內寄命門真火（又稱元
陽），被稱為人之乾元。

　　故《易經》云：「大哉乾元，萬物資始！命門
真火發動人體十二經循行不息，五臟六腑氣化周
行，生命欣欣向榮。此火一衰，諸臟皆衰，百病叢
生；此火一滅，生命終結。」

七、道教內丹功之性命雙修

　　道家歷代祖師，乃屬普通常人，不過因修性得
以入聖登真，養命得以延年益壽。所謂煉丹全是性
命之道。性命就是身心，並無半點玄虛之處。在功
夫上包括：性功（煉心）與命功（煉身）；在學理
上包括：性學與命學。

　　縱觀道家修煉之事，無不以性為體，以命為

用，以心為君，以身為臣，以神為本，以炁為功，以意為煉，以精為樂，盡皆性命之事，故以性命二字統之。修煉性命，總不外以精炁神為主，所謂聚精、養炁、存神，乃古真攝生三要。

當人在母腹中十月胎圓、瓜熟蒂落，降生後體軟如綿，其象屬「坤」。臍帶一剪，先天炁斷，胎息停止，後天呼吸啟動；性命分開，性歸天邊，命沉海底。兩眼分開，舌亦不接任督；性帶氣上移於心，命帶氣下移於腎，性命相距八寸四分（傳統說法）；元神失位，識神掌權；自少而壯，壯而老，老而病，病而死，性命始終不能如一。

男子到十六歲就到了月圓必缺即破身的年齡；女子到十四歲則癸水至月信來。月圓必缺，物極必反；否極泰來，陽極陰生。當元身已破，元炁下泄。人過四十天過午，進入不惑，元炁自半。尤其是婦女，已面臨天癸盡、月信止、生機斷的絕經時期。花甲之年已是視茫茫，而髮蒼蒼，背駝腰彎，手腳遲鈍，老態龍鍾矣。油乾燈滅，炁盡人亡，這就是人的生命由生到死的自然規律。「人活七十古來稀」，這是前人對人們壽命的總結。按以上原理，人至六十四歲，元炁耗盡，應該是炁盡人死，

為什麼人有七十未衰，又有未老先亡的呢？根據八卦陰陽的道理回答：即卦盡炁未盡，或炁盡卦未盡。不同結局取決於道家性命之修煉。

性有性根，命有命蒂。性在天邊，命在海底。性者心也，發於二目。命者腎也，發於淫根。性為心，心為離，離為火，故離中之炁為火龍，其性宜飛。命為腎，腎為坎，坎為水，故坎中之炁為水虎，其性宜墜。萬病皆由腎病起，人死多在精竭時。道家修煉不僅修煉精神生命，更重視修煉肉體生命，性功煉心，命功煉身（精炁神），故稱性命雙修，丹道攝生。

呂洞賓《敲爻歌》云：「只修性，不修命，此是修行第一病。只修祖性不修丹，萬劫陰靈難入聖。」張紫陽曰：「饒君了悟真如性，未免拋身還入身。何似更兼修大藥，頓超無漏作真人。」只是修養心性，不做煉炁煉精的功夫，不僅難以做到長壽延命，而且這種心性沒有和精炁在一起鍛鍊，只是一種陰靈，即使脫離肉體之後，也只能陰神出竅，脫殼而去，道家謂之鬼仙，又稱靈鬼。而且難以控制肉體，心性亦難以達到圓融。縱使修成陰神，在丹經上說，陰神只能有大約五百年的駐世壽

命，五百年後就會自然消亡，否則也只有投胎、奪舍、借屍、轉生等四條出路。

呂祖評曰：「達命宗，迷祖性，恰似鑒容無寶鏡。壽同天地一愚夫，權握家財無主柄。」所謂「只修命，不修性」，是指不去修煉先天元神，僅從搬弄後天精氣入手，做有作有為的功夫，用意念，求有形。這個後天之精氣，如果不能以先天元神陶溶為先天虛無之炁，則僅可健身養生，決不能出神入化，更不可能超於生死，長生久視。伍柳派的功法，即存在此種弊端。社會上流行的各種內丹術，亦流入此弊。

張三豐《參禪歌》云：「初打坐，學參神，這個消息在玄關。秘秘綿綿調呼吸，一陰一陽鼎內煎。性要悟，命要傳，休將火候當等閒。」玄關，又名中宮、黃庭，為性命之根，在人身天地之正中。學士要悟自性本空，本來無一物，不要妄起執著，如執著自我，則不能超脫。混沌之時，何曾分出你我炁命功必要明師心傳口授。無真訣，難以修命長年。

透過道家內丹術的修煉，會開發人體很多特異功能，很多人會因此得意炫耀駐步不前，這可不是

丹道修煉的終極目的，「萬般神通皆小術，唯有長生是正道」。

第二節　道教內丹攝生之秘

一、道教內丹攝生概述

1. 內丹攝生機理——「精、炁、神」三寶

精、炁、神三者被稱為人體的「三寶」，道教內丹攝生就是修煉自身的精、炁、神。精，先天一點元陽也；炁，人身未生之初祖炁也；神即性，天所賦也。

內丹學認為：「天法象我，我法象天。」仙丹不必外求，人體是爐鼎，精、炁是藥物，運用神去燒煉，而能使人體內的精、炁、神凝聚不散結成聖丹，即內丹。三者合則生，離則死。內丹之旨即是抱本歸元，使三者永遠凝集合一，長生不死。

精，先天叫元精，至清至精。後天精是濁精，由慾念產生。「有動乎心，必搖其精」。上德無為入性功，入性功就是煉精，補虧損。先天元精，無

欲念產生，無形無象。後天精是有慾念而生，男子十六歲有精，是有形有象。內丹功是在「虛之極，靜之篤」之時所產生的元精來採藥歸爐而煉丹的。

炁，有先天和後天之分。先天炁，不用肺呼吸。後天炁，用肺呼吸。《悟真篇》：「恍惚之中覓有象，杳冥之內尋真精，有無自此互相入，未見如何想得成。」即喻先天精炁始發境象。

神，藏於心。神指性，指大腦的思維活動。後天神，是識神。神好清，先天元神喜寧靜，兩目是神的「窗戶」，神全兩眼有光，光射奪人。神在丹法中稱「金烏」。修煉至先天元神歸於泥丸，就是《玉皇心印經》「一紀飛升」之意。在道教有人說指12年。另沐浴指心神，換氣稍停，其作用是暗合天機。

2. 反演逆煉

《老子》言：「道生一，一生二，二生三，三生萬物。」這是世界從無到有的順行造化之道。道家哲學的理想是要還歸到虛無混沌的原始自然狀態。道教繼承道家的這一思想，認為「順則生人生物，逆則成仙成佛」。提出「返者道之驗」的主

張，內丹學的特點即此一「返」字。煉丹是逆向反
演，其具體即是歸三（精、炁、神）為二（神和
炁），歸二為一（金丹），歸根復命，使生命返回
到原始未分的自然狀態，與道合真而長生成仙。丹
家十分注重精、炁、神的先天和後天之別，凡先天
的存在，是無形、無質、不感、不動的，所以稱元
精、元炁、元神。

　　根據丹法的理論，常人由於一味的向外馳求，
使得先天的精、炁、神不斷離散走失，人的一生從
童年步入壯年再進入老年，這個成長過程就是人的
真元逐漸消耗、淋漓、枯竭的過程。道教丹法就是
要保證生命的元素不失，返老還童。故道教把內丹
的煉就稱之為聖胎、嬰兒。

3. 武火採藥

　　道體本靜，有感而動，精炁初動，藥象即生。
煉丹者必須抓住時機，以意念導引歸入丹田，這就
是所謂「採藥」。

　　煉丹實際就是意念的調運，即用神。丹家把用
神稱為火候，說明其在煉丹過程中的重要性。「聖
人傳藥不傳火，從來火候少人知。」丹功之妙，全

在火候。精是基礎，炁為動力，神才是主宰。煉丹全靠以神馭炁，以神煉精。所以要善於用神，火候得當。如採藥烹煉時宜用武火，而沐浴溫養則以文火為妙。另外還有下手之火候、止歇之火候、進陽之火候、退陰之火候等等。總之，「金丹全賴火候修持而成」。

二、丹道之秘

1. 丹道發展歷程

隋朝蘇玄朗——開創內丹術，為內丹術之起始；

唐五代鍾離權和呂洞賓——創鍾呂金丹道；

北宋陳摶——創立先天派和睡功丹法；

北宋張伯瑞——著《悟真篇》，創金丹南宗，內丹修煉方法為「頓法」。

金朝王重陽——創金丹北宗，內丹修煉方法為「漸法」；

元朝李道純——創內丹中派；

明朝陸西星——創內丹東派；

清朝李西月——創內丹西派；

明朝伍守陽和清朝柳華陽——創伍柳派。

2. 丹道源於天道

(1)現代物理學中的多維時空觀

對於時空的認識，在遠古時代人們認為是天圓地方，後來有了牛頓的絕對時空觀，又有了愛因斯坦的相對論時空觀，今天又出現了在「光速改變」（VSL）理論基礎上的新時空觀，而最近建立在「超弦理論」基礎上的多維時空觀則成了令很多人關注的焦點。

物理學家認為，早期的宇宙，處於一個絕對真空中的奇點，此時存在一個十維時空，單十維時空是不穩定的，於是有了我們這個宇宙的創生。

在宇宙創生時期，十維時空斷裂為四維時空和六維時空，六維時空收縮為無限小的奇點，四維時空處於宇宙的大爆炸階段，於是有了現在我們這個暴漲的宇宙。

倡導十維時空學說的科學家認為宇宙在爆炸中創生，將來會變成收縮中的宇宙，並在再次縮為一個奇點，然後再重複宇宙創生的一幕，這就是宇宙的未來。

《時間簡史》的作者霍金認為，我們不過是生

活在多維平行宇宙中的一個，如果可能在兩個宇宙間打開一個洞，也就是所謂的蛀洞，那麼人類由這個蛀洞就可以實現超越時空的旅行。

(2)道家的多維時空理論

道教認為，世界存在多維空間，人生存在三維空間，神、仙等生存在其他高維空間，高維空間能看到低維空間的事物，而低維空間卻無法看到高維空間的事物。同時道家認為，人在去世以後，根據今世的修行境界，靈魂（元神）離體就到了其他高維空間，他還能看到人間卻與人類無法直接進行語言交流。但人類憑藉某些特定咒語可以向高維空間定向傳遞資訊（如道功法術修煉中需要畫符、持咒或混元令等）。就是說，神仙能看到人，有可能保佑或左右人類，人類則虔誠祈禱神靈保佑，或許這便是宗教信仰的由來。

(3)遵循天道理論之──月球對地球的影響

丹道源於天道，道家丹道修煉，要遵循天道，而且修煉的最高境界為天人合一，月球作為宇宙的一元素，是地球唯一的衛星，係離地球最近的天體，對地球人類影響甚大，舉例說明如下：

①月亮在晦朔、月圓期間，會使地球上的海洋

出現潮汐現象。

②月亮不但對地球海洋有吸引力，對陸地也有引力，嚴重時會發生地震。

③月圓時大氣會改變氣壓，使雲層中的靜電增加，從而增加了下雨的概率。

④潮汐會使地球自轉軸的傾斜角保持穩定，也會使地球公轉速度變慢。

⑤地球生命皆是基於水的生命系統，所以月亮對地球上所有的動物都有影響。

⑥月亮對人也有影響，主要表現在晦朔期間，可誘發女子排卵，男子生精；滿月期間，可誘發女子來月經，男子精滿而泄。

丹道修煉之法源於天道的運行，古人把天道中的日、月和人身的元神、元精相聯繫，認為人只有順天道而行並效法天道，才能得道達到祛病延年的目的。

人身：古代丹家效法天地，以身體作鼎爐，以心中元神和腎中元精作為藥物，以意念燒煉藥物，以精神相合為不老仙丹，從而達到祛病延年的目的。

北極星：古人認為它是天的中心，是日月運行

的中心。

日月：日月為天地至精。古人認為天地相合成一個上圓下方的爐鼎，在「天心」北極星的控制下將日月煉養為不老仙丹，天地便可因此而永存。

3.曆法與丹道

丹道修煉是與天道曆法相合的，下面就一個月和一日的修煉，來說明修煉與天道曆法的關係。

(1)一月修煉

在一月的月象循環中，主要有新月、上弦月、望月、既月、下弦月和晦月6個月象，在這6個月象中，丹道據時而修，絕不能有差錯。

滿月修煉：此時日月相望，正是精足欲熱之時，當採藥歸爐。

上弦月修煉：此時金水持平，元精、元神各均分，正是沐浴濾神之時。自此以後，謹防漏丹。

新月修煉：此時新月初升，為震來受符，即人體之一陽來復，經謂精生必陽復，正是調藥之機。

既月修煉：此時月體漸虧，精減而神旺，更宜保養精。

下弦月修煉：此時金水平分，正宜沐浴，自此

以後，慎防心馳神飛。

晦朔修煉：此時天地交媾，正是人體精生之時，應調攝精神歸於太極、無極，以候一陽初復。

(2)一天修煉

在一天的修煉中，以子、午、卯、酉四個時辰為關鍵點，所以只有把握好這四個時辰才能修煉好丹道。

子時修煉：子時一陽升，正是丹家調藥練功最佳時機，日日勤修，自由驗證。

酉時修煉：酉時腎經始旺，日日此時進入深度睡眠，日久自然精足體健。

卯時修煉：卯時大腸經旺，宜坐臥垂簾，調息濾神，小睡更佳。

午時修煉：古人日出而作，日落而息，此時心經旺而生血，故宜精心而眠，以保證酉時可進入深層睡眠狀態。

4.古太極圖與丹道

《參同契》中講：將欲養性，延命卻期。審思後末，當慮其先。人所稟軀，體本一無。元精流布，因氣托初。

古人所言之性，即元神；命，即元精。性與命，是人體離與坎，是人體陰陽二氣。此陰陽二氣則源自先天真一之炁──混元太極；混元太極，則源於虛無的無極。所以「人所稟軀，體本一無」。其「一」，即指的是先天一炁之混元太極；其「無」，指的便是虛無的無極。亦有稱「體本一元」，以太極作始初亦不屬大誤。

古太極圖又稱「伏羲八卦方位太極圖」「參同契太極圖」。此圖概括了《周易參同契》所說的月體納甲、二陰、三五、九宮、八卦、鼎器、藥物、火候諸內容。此圖揭示丹家進退行持的火候。

清代胡渭由此圖推斷北宋陳摶之學亦源自《周易參同契》。

5. 丹道中的鼎爐與火候

相對於自然「大宇宙」而言，人體係一「小宇宙」，所以，歷代修煉高士均認為身體為最寶貴的煉丹鼎爐。

丹道的鼎爐取象於自身，頭頂上丹田為鼎，腹部下丹田為爐。人身頭部屬陽，故稱乾；腹部下丹田為陰，故稱坤。頭與腹分上下兩極，前後左右則

為四象，再加上中宮為五行，應身內為五臟。一年
分四季八節、12月、24節氣、360日，對應人體則
為四肢八脈、12經絡、24椎、360骨節。人如能取
法天地之象，居心恬淡，無為自然，則人身就會陰
陽合和，坎離相交，隨著陽升陰降，循環往返，週
而復始，則會身輕體健，永葆青春。

　　丹道中有了鼎爐和藥物後，就可以煉丹了，煉
丹時最主要的是火候問題，是丹道中最神秘的部
分，所以歷代丹家只傳藥不傳火。

(1)丹道火候程式

　　①進陽火（午前三候）：聚火開關，真氣穿過
尾閭、夾脊然後鑿通鐵壁，目的是打通督脈。

　　②退陰符（午後三候）：進陽火退陰符，又稱
為進火退符、晨昏火候、火符、升降等。進陽火，
是指運用武火的工夫，以採取和提煉藥物；退陰
符，是指運用文火的工夫，以封固和閉存藥物。進
陽火和退陰符的工夫，在不同的丹道過程之中有多
種運用。比如在小周天階段，採取藥物之時，由尾
閭提上夾脊，上玉枕升泥九至上鵲橋，此督脈一
路，須用武火，方能上升，謂之進陽火；再由上鵲
橋下降，下十二重樓，由絳宮而歸入丹田，此任脈

一路，須用文火，方能降下，謂之退陰符。其他在丹
道之中，進火退符之功，還有許多運用，與此類似。

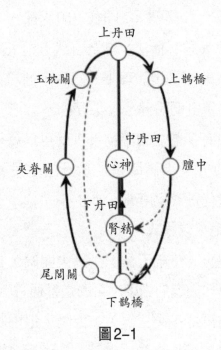

圖2-1

(2)丹道修持之「文武火候」

道家內丹攝生功法之「武火」與「文火」，有
頓法與漸法，有為法與無為法之分。

道家正一派的創始人張伯端主張頓法，稱南
派。道家全真派創始人王重陽主張漸法，稱北派。
故有北漸、南頓之稱。

頓法，是捷徑，比漸法進度要快。基本手法為

有為武火。但倘煉己不純，築基不牢，很容易得而復失，事物發展的規律往往是其進急者其退速，練功亦然。

漸法，又稱補法。以破而補圓、缺而補圓為目的。基本手法為無為文火。當築基煉己完成後，漸法的任務也告完成。接著由「漸法」轉入「頓法」。

漸法修後天之炁，頓法修先天之炁，丹道修真的終極目標是後天返先天。周天有三種境界：其一為意通周天，其二為炁通周天，其三為丹道周天。丹道周天方為始於有意，終於無意，璇璣不停，周天自轉，後天返先天，進入道境。

道家頓法開通奇經八脈，即以武火行氣、通關，亦稱十口呼吸調八脈。通人脈，又稱玉液煉形。奇經八脈，即前任、後督、中衝、橫帶、陰維、陽維、陰蹻、陽蹻，也是道家行氣八脈。開通八脈法，是用十口呼吸，以意領氣，心到、意到、神到，氣亦隨之而到，心、神、意合而為一。

一吸督脈升泥丸，是先把心神意下注於會陰，鼻根呼氣，心意隨之，由會陰往後提起來，經脊骨正中督脈，上升至頭頂泥丸（百會）稍停；二呼由泥丸下來，走前邊任脈，又回到會陰穴；三吸由會

陰穴提到臍下之炁穴，分開雙行走帶脈，從兩腰眼至兩肩窩一停；四呼由兩肩窩走兩臂外側陽維脈，經中指到兩手心勞宮穴稍停；五吸由手心勞宮穴走兩臂內側陰維脈，到胸前靠近兩乳處稍停；六呼從胸前雙下至帶脈炁穴歸併一處，直達會陰處稍停；七吸由會陰穴上來，走任督二脈中間的衝脈，直上到心下絳宮穴停住，不要過絳宮；八呼由絳宮下來到會陰分開，走兩腋兩腿外側陽蹻脈，經兩腳中趾到兩腳心湧泉穴稍停；九吸從湧泉穴上升走兩腿內側陰蹻脈，到會陰歸一，再上升炁穴稍停；十呼由炁穴，直達會陰生死竅。十口吸呼調八脈，是由生死竅會陰穴為起點，最後終點仍落在生死竅會陰穴，故而道家稱它為八脈之總根。

全真龍門派千峰老人稱此竅：「上通泥丸，下達湧泉，真炁聚散皆以此竅為轉移。血脈周流，全身貫通，和氣上朝，陽長陰消，水中火發，雪裡花開，實乃生炁之根。百姓日用而不知者此也。」十口吸呼調八脈，一吸一呼，升、住、起、止都必須與一意領氣同時並舉，協調一致，方能奏效。對此慎無忽略。以上是行氣八脈。另有通精八脈（此是生精、化精、走精、煉精八脈），即前任，後督，

中衝，橫帶，上通心、下通陽關，上前通臍，上後
通腎，這裡是以生死竅為軸心說的。

道家把離中炁發稱為火龍，把坎中精動稱為水
虎。呂祖詩曰：「降龍須要志如天，伏虎心雄氣似
煙。癡蠢愚人能會得，管教立地作神仙。」

採大藥過關服食之後，關竅已通，此後不用意
領，法輪自轉。此時應以二目之神光時時刻刻下照
坤腹，久而久之大定得之，息停，脈住，功夫更上
一層樓，即佛家所謂初禪念住，二禪息住，三禪脈
住。

金光二現當止火，止火是採藥不用吸呼氣之巽
風。當止火而不止火，勢必導致爐崩丹飛前功盡棄
之患。

外文武火金木合併法，是採用文火與武火結合
修煉而成。外文武火，是用後天之火引出先天之
火。二火合一，既能剔除在煉精化炁中的渣滓，澄
潔藥物，又能化五穀飲食之精，剔除五臟之病，使
人益壽延年。了空祖師曰：「外武火者是移火也；
外文火者是以火也。」這是專為剔除五臟內之渣滓
化淚流出之法，又是煉四相和合、五行攢簇歸根、
迴光返照、日月合併之功。該丹法修煉要文七武

三，即武火七分文火三分。千峰老人曰：「外武火者，是將神火注於爐中，為火中火引也。古名移火。移者移動身內病管開張，即是移動內裡真火，二火相磨相激，陽火必勝乎陰精，精融灌溉周身，而渣滓出淨，病從何來。」外文火者，是溫養恢復還原之法。因在用武火時，五行攢簇，內管張開，渣滓剔除後，必須用文火使其恢復原狀。文火又謂以火，以者以溫養之法，閉目塞兌，意守正中，氣降真炁穴，身空意空方為正功。

丹經「起巽風，運坤火」，風吹火化將元精化為元炁，進一步將元炁再化為元神。《黃帝內經》：「黃帝曰：余聞上古有真人者，提挈天地，把握陰陽，呼吸精氣，獨立守神，肌肉若一，故能壽敝天地，無有終時。」

《黃帝內經素問‧上古天真論》中說：「恬澹虛無，真氣從之，精神內守，病安從來。」「恬澹虛無」不只是身體的放鬆，身體放鬆是為了意識的放鬆。只有當意識放鬆後，透過「精神內守」即意識的內向性運用，才能激發真氣、開發出人體潛在的特異武功，即是文火無為法，這充分說明了文武意識在內丹功中的重要性。《莊子‧刻意》中說：

「純素之道,唯神是守。」《莊子‧人間世》中還詳細介紹了「心齋」即運用意識練功的方法,這實際上與管子所說的「心術」以及荀子所說的「治氣攝生之術」在強調意識上是不謀而合的。道家內丹學的經典《青華秘文》中也十分強調「神為主」「氣為用」「精從氣」,認為金丹之道,始終以「神而用精氣者也」。道家另一部重要的內丹著作《唱道真言》中也說:「煉心者,仙家徹始徹終之要道也。」所謂煉心,即煉意,即「火」的意思。

丹道修煉講究「文火」與「武火」,「丹田為爐,元精為藥;呼吸為風,神意為火」,此即內丹功夫修煉之總口訣。丹經云:「聖人傳藥不傳火,從來火候少人知。」道家一向「傳藥不傳火」,可見「文武之火」在內丹術修煉中的作用舉足輕重。

內丹功夫的修煉,離不開「有為」和「無為」。有為,是方便,是入門。由有為武火修煉,儘快打通經脈,快速煉氣,實現後天元炁啟動再生,如易筋經則是武火運用的典型功法,其訣曰「意在炁之先,炁在意之前」。無為,是本質,是道靜,如「乘物以遊心、獨立守神、抱元守一」,招攝體外先天一炁,與體內先天元炁形成混元炁,

先天祖炁返還，以「修牆補屋」，實現「煉己築基」，如無極椿的第二種境界（丹道無極椿）則是無為修真的典型狀態。

在武火與文火相結合修煉中，火候時機要堅守，切忌烈火煮空鐺、旱河撐船勞，適得其反。

張伯端說：「萬化即安諸慮息，百骸俱理證無為。」即是說無為和無念，是建立在肉體修煉基礎上的。呂祖《純陽三書》云：「有為之炁，可以用人力；而無為之炁，不必用功夫，其不用功夫者，正以有為之氣用人力也。修真者，固以無為為主，其始焉得無為？是以予有『靜氣凝神似伏炁』之說也。」

老子《道德經》云：「致虛極、守靜篤、萬物並作、吾以觀復。夫物芸芸、各復歸其根、歸根曰靜、靜曰復命、復命曰常、知常曰明」，又云「是以聖人之治，虛其心，實其腹，弱其志，強其骨」，均是在闡明有為之後無為而治靜功文火得道之機要。

6. 丹道攝生之本「抱一勿捨」與「性命雙修」

(1) 抱一勿捨

抱一勿捨就是要透過修煉而回歸負陰抱陽的太

極境界。

腹式呼吸：在抱一勿捨的修煉之法中，關鍵是要調整好呼吸，一般採用腹式呼吸法，啟動先天修復功能，從而達到太極境界。

準備：全身放鬆，寬心實腹，意念輕守下丹田。輕守下丹田，注意不要過實，只是把下丹田作為氣門就行。

呼氣：舌離上齶，津液下嚥，縮腹提會陰。

吸氣：拔頂提肛，舌抵上齶，刺激舌下唾腺分泌，小腹微微鼓起。

目的：下丹田溫熱，全身融融，臟腑亦皆為氣機所激，舒暢無比而重歸旺盛之始初狀態。

(2)性命雙修

丹道家認為，「參透性命二字，勝讀丹經千卷」，所以，性命雙修是道教修真重要方法與系統修證原則。所謂性，即人的本性，天性，是人先天初始所具有的，未摻雜一絲後天成分的精神狀態，即前面所說的元神，修性即煉養元神；所謂命，即人的本命、天命，是人先天初始所具有的，未摻雜任何後天成分的肉體狀態，亦即前面所說的元精、元炁，修命即煉養精炁。性為無形無質之精神，為

陽；命為有形有質之肉體，為陰。所以，道家所說的性命雙修，也可稱之神形兼修。

性命雙修的攝生法：丹道修煉求的是性命雙修，認為只要參透性命之學，就能實現長生之道。下面就性命雙修方式作一詮釋。

性命雙修的方式

清修：集陰陽於一身，由自己苦修而得道成仙。

雙修：陰陽分具於異性之身，由男女合修而得道成仙。

第三節　內丹工夫修證次第

一、丹道煉丹程式

丹道的煉丹程式和道教的宇宙生成觀是相反的，即道教的宇宙觀是：道生一，一生二，二生三，三生萬物，而煉丹的程式則是：萬物歸三，三歸一，二歸一，一歸道。此即道家所說的「順則成人，逆則成仙」。

1. 煉己築基

煉己築基係丹家入門修煉的基礎，其重點在於補漏和修損，使修真者的精、炁、神達到煉丹的要求，祛除一切病症，修牆補屋，補足虧損。

煉己築基階段，是修煉內丹入手之功。天元丹法，由性功入手，以性養命，是清靜之法；人元丹法，由命功入手，以命涵性，是接命之法。天元丹法稱為「築基」，人元丹法稱為「煉己」，其實均為築基之義。此步功夫如同蓋房子打地基的階段，故稱「築基」。方法一般包括止念、入靜、聚性、回光、獨立、調息、吐納、咽津、導引等。

築基的目的，是在補足虧損之後，達到「精滿不思欲，炁滿不思食，神滿不思睡」之境。

2. 煉精化炁

此是初關。修煉至「精炁神」三全時，恢復到十六歲以前，此時氣滿，尾閭、夾脊、玉枕三關開通。正子時 23：00—1：00 元炁生時，即行採藥歸爐功法。丹法中，把「精炁」結合到一起叫「藥」。活子時，不在子時，是陽炁生之前。煉精化炁，一

陽來復時，採用四字訣——舐、吸、撮、閉，用武火逆呼吸後升前降歸於丹爐。如崔真人《入藥鏡》曰：「歸根竅，復命關，入尾閭，貫泥丸。」

煉精化炁係丹道修煉第一關，也稱初關，此階段主要修小周天丹功。小周天又名轉河車，是以泥丸宮為鼎，下丹田為爐，元精為藥物，用意念引元精逆行任督二脈的丹法。

煉精化炁（女丹稱為煉經化炁），是將自身陽精化為陽炁，透過周天火候運行任督二脈，採入丹田，使得神氣合一，又稱「小周天」。

此步功夫主要針對中老年人說法，補足後天虧損，達到返老還童、恢復青春的目的。此步功夫完成之後，即可返還到16歲時的童體狀態。如果是童子之體，則無需此步功夫。

3. 煉炁化神

煉炁化神係丹道修煉的第二關，亦稱中關，此階段主要修煉大周天丹功。小周天是將精、炁、神三歸為二，即只剩炁和神。大周天則是將炁、神二歸為一，即只剩下神。

煉炁化神，是在返還童體之後，周身關竅進一

步打開，經脈俱通，又稱為「大周天」。煉炁化神
之煉「炁」之功，此乃先天之「炁」，不可執著於
後天之「氣」上面。倘若執著於後天呼吸之氣，努
力在身體內部搬運升降，則功夫愈勤，而呼吸愈難
降伏。如果以呼吸之氣引入體內，充為內氣，又不
能做到神氣合一，心息兩忘，這種「內」氣沒有出
路，很容易凝結在身上，死作一團，成為病塊，或
者發生無名腫毒，反而傷身。所以不得師傳實授，
自以為是，盲修瞎練，難免誤入魔道，不可不慎。

4. 煉神還虛

　　最後是煉神還虛，此為丹道的最高境界，故又
稱上關。前三階段都屬命功階段的修煉，至此已純
入性功。這時修煉，可謂修而不修，無為無照，只
是元神自煉，沐浴溫養而已。大功告成，一切皆
空；抱本歸元，返虛入無；與天地為一，與道合
真。此時境界，萬象通明，圓通無礙，這就是逍遙
自在，長生不死的神仙。

　　煉炁化神完成後，人體只剩下純陽之元神。由
於元神不能久居中、下丹田，所以要先將元神移至
上丹田，稱為移胎。移胎之後，將元神寂照於上丹

田，以神煉神，使元神愈煉愈純，如此存養元神，即為哺育。

哺育元神需要三年完成，其實即高深度的入定，入定愈久，定力愈大，陽神則愈純，神通也愈大。三年哺育後，就該讓元神出竅，進行六年溫養的修煉。陽神六年溫養時需要循序漸進，最終使陽神逐漸老成，出竅離體再遠仍可歸回上丹田。

經過煉精化炁的階段之後，即由肉體修煉（又稱仙功）轉入精神修煉（又稱道功），進一步涵養本命元神，使其歸於虛無，又謂之「真空煉形」。此時回到如同胎兒在母親腹中的混沌狀態，是為返嬰還虛。此步功夫，已是元神出竅，謂之「出神」。

5. 還虛合道

煉神還虛後，出竅的陽神仍會被這些幻境引誘而迷失本性，為了煉化這境外的陰神，使陽神出竅永遠不迷失忘返，就需要進行丹功的最終修煉──還虛合道。

在時間上，又有百日築基、七月過關、十月胎養、三年乳哺、九年面壁的說法。張三豐祖師在《玄機直講》中說：「一刻之中，亦有煉精化炁、

煉炁化神、煉神還虛之功夫在內，不獨十月然
也。」真正上層功夫，本來無所謂段落之劃分。一
部修煉大法，不宜死板追求，應當遵循自然，方為
上乘之法。

二、大小周天功法

在煉丹程式中，最重要的就是煉精化炁和煉炁
化神兩個階段，也就是小周天功法和大周天功法的
修煉。「小周天」「大周天」之名目，不見於古道
書中。後世道書雖有此種名目，而意思各別。

有以「坎離交」為「小周天」，「乾坤交」為
「大周天」者；有以採小藥、運河車，後升前降為
小周天，採大藥、衝開後三關，直達泥九，再降落
中丹田為大周天。而此處所謂小周天呼吸，由鼻而
喉，由喉而腹，至於足底；大周天呼吸，由鼻而
喉，而臍下，轉尾閭，循脊骨而上達於腦，再由腦
而至鼻。此種說法，非但不合前人書中之意思，而
且貽誤於後學。蓋前人書中所論大小周天，意思雖
有不同，然皆指身內之氣而言，不是指鼻孔中呼吸
之空氣。莊子曰：「眾人之息以喉，真人之息以
踵。」分明說普通人鼻孔呼吸，乃用肺管為發動之

機關。有道之士，內真息，乃用腳後跟陰蹻脈為發動之機關。「以」字當作「用」字解，「踵」即腳後跟也。眾人後天氣之呼吸用喉。真人先天炁之運行用踵，後天氣之呼吸，由鼻入喉，到肺而止，斷斷乎不能至於足底，更不能轉尾閭循脊骨而上達於腦。先天真氣雖可以至足底，又可以衝開後三關而上達於頭頂。然與兩鼻毫無關係。二者界限分明。此處將凡息與真息，後天與先天，混作一條道路，與實際不相符合。

1. 小周天功法

小周天功在煉精化炁的階段中進行。它以上丹田為鼎，下丹田為爐。氣動藥生，神清精滿，此時可用小周天火候，即意念引元炁從下丹田開始，逆督脈而上，打通尾閭、夾脊、玉枕三關，然而再沿任脈而下，經上、中、下三丹田，即腦部泥丸、胸部黃庭和腹部臍內。這樣完成一個循環，即煉精化炁一小周天。

(1) 精 生

是凝神守炁穴的極靜中出現的陽舉，元精在這一刻產生，故也稱為產藥或真種子。

(2)調 藥

即凝神入炁穴，以意念感知精氣積蓄變化。其要訣是凝神入炁穴，神氣相依，息息歸根。

(3)採 藥

當下丹田暖氣出現，外腎堅舉，炁穴旋動，全身融融溫和，似泉水逢春時，當採取「吸，舐，攝，閉」的方法採藥歸爐。

(4)煉 藥

採藥歸爐後，將氣海中的元精經過任督二脈運轉煉化，讓元精入腦，煉去後天精、炁、神的，結為小周天之「小丹」。

(5)止 火

如果煉精化炁後已結金丹，為防止火過傷丹，即應止火，只存意於下丹田，再次進行封固和溫養。

小周天功的特點是精炁合煉，帶藥運轉，丹家術語叫「轉河車」。無藥空運只是「通任督」「轉軲轆」，則不成大藥，也不能起到還精補腦的作用。

(6)小周天功法完成的驗證

①出現馬陰藏相。

②可用胎息取代呼吸。

③出現蟾光三現。

④身體強健，無欲無念，陽關牢固，元精化炁。

2. 大周天功法

(1) 採 丹

當小周天出現蟾光三現之景時，伴有六根震動的現象，此時大藥已生。採大藥入黃庭，以目光常照，合神而煉，神氣相抱，凝為一體，稱為聖胎。

(2) 養 胎

以氤氳之神氣溫養聖胎於黃庭、丹田之間；火候不計爻象，洗心滌慮，入定養元神，最後用遷法將聖胎移至上丹田。

大周天功的目的是要煉炁化神，比小周天的境界更高一層。大周天把鼎從上丹田移至中丹田，也不再運氣循環，只是將氣守持在中、下二丹田之間，任其自然靈活，用綿密寂照之功、入定之力，進入到無為境界。即用神從有觀有照到無視無覺，氣也由微動到不動而至化盡，以助發元神的生長。

(3) 大周天功法完成的驗證

①出現不餓的自然辟穀現象。

②不再需要或很少睡眠，精神依然充沛。

③念住息住脈住，脈搏停止、呼吸停止，只剩

下胎息。

④身體重返童真之體。

三、道家十六字攝生訣

道家十六字攝生訣，是一種簡單有效的丹道攝生術，其與丹道小周天有異曲同工之妙，並且不拘行駐坐臥，皆可修煉，所以更為不同行業的修煉者提供方便。

口訣：一吸便提，氣氣歸臍；一提便咽，水火相見。

釋義：不論行駐坐臥，舌攪華池，抵上顎，候津生之時，漱然咽下，隨即吸氣一口入下丹田，略過之後，以意念及目力引氣循督脈上泥丸。此功法久行之，自會精炁神足，精神旺盛，百病不生。

四、陰陽雙修術

中華道家修煉，其中包含陰陽栽接雙修部分，歷史悠久，早在《漢書·藝文志》中就著錄了房中八家，並概括加以說明：「房中者，情性之極，至道之極，是以聖王制外樂以禁內情，局為之節文。傳曰：先王之作樂，所以節百事也。樂而有節，則

和平壽考。乃迷者弗顧，以生疾而損性命。」陰陽雙修的理論，最早見於《關尹子》，關尹子與老子同時人，著有《關尹子》，又名《文史真經》，其中有以樹木栽接可以延其壽命而喻人體陰陽栽接之理。後世的《周易參同契》《悟真篇》等道家經典都有專門論述。

秦漢時人多有行房中得道者。《列仙傳》有女丸者，得仙人《素書》五卷，「乃養性交接之術」。《神仙傳》中精房中術者，有劉京、巫炎、劉根、王綱、陰恒、李修等。

如王綱明補養之要，其經曰：「陽生立於寅，純木之精；陰生立於申，純金之精。夫以木投金，無往不傷，故陰能疲陽也。陰人所以著脂粉者，法金之白也。是以真人道士莫不留心注意，精其微妙，審其盛衰，我行青龍、彼行白虎，取彼朱雀，煎我玄武，不死之道也。」

又如陰恒曰：「治身之道，受神為寶。養性之術，死入生出。常能行之，與天相畢。因生求生，真生矣；以鐵治鐵之謂真，以人治人之謂神。」彭祖曰：「天地得交接之道，故無終意之限，人能則之，得不死之道。」

《素女經》

據考證，《素女經》可能是戰國至兩漢之間完成，並在魏晉六朝民間流傳修改的。書名最早出現在晉朝葛洪所著的《抱朴子內篇‧遐覽》中。

清光緒（1875—1909 年）年間，長沙葉德輝從日人丹波康賴所撰《醫心方》一書中，把零散的內容輯成《素女經》等房中術專著，收入《雙梅景闇叢書》中。

第一忌：月初月尾，上下弦望之日，六丁之日不宜交合。

第二忌：雷電風雨，陰陽晦暝，天地震動，日月無光時不宜交合。

第三忌：飽食後，胃中食物未消化，不能交合。

第四忌：剛小便之後，精氣微弱，榮氣不堅固，衛氣未遊散，此時不宜交合。

第五忌：勞作行走身體勞累之後，榮氣不定，衛氣未散，不宜交合。

第六忌：剛剛沐浴頭身未乾的時候，負重勞動汗如雨下以後，不宜交合。

第七忌：同女人談話，陰莖勃起，不顧禮儀男女交合。

第四節　道家內丹功修煉效驗

一、修丹道貴在堅持

在丹法的修煉中，最根本的是要求清靜，只有在清靜中才能涵養精神，積蓄精神，使五臟之氣歸返本元，最後歸為心火，腎水二氣並水火既濟歸太極達無極。欲得清靜，必須控制住心神，使其不飛馳游離於體外。但控制心神的方法，只有以坎中真金制之，所以守住坎中真金，才能控制住心神，達到真正的清靜狀態，從而袪病延年，長生久視。

修煉的路很長，丹道的要旨功理深奧，操持的丹法精微。根據人的德行之厚薄，根基之深淺，操行之勤怠，故各自成功的期程就不相一致。總而言之，只要立志而修，苦之而練，朝夕不懈，一念真誠，常存正法，遇到任何艱難都不屈不撓，不論期程之長短，終會成功。

鍾祖曰：奉道者難得少年。少年者，根元完

固，凡事易於見功，止千日而可大成。奉道者又難得中年，中年修持，先補益完備，次下手進功，始也返老還童，後即超凡入聖。若少年不悟，中年不省，或因災難而留心清淨，或因病疾而志在希夷。晚年修持，先論救護，次說補益，然後自小成法，積功以至中成，中成法積功，止於返老還童，煉形住世。然而五氣不能朝元，三陽難為聚頂，脫質升仙，無緣得成。是難得者，身中之時也。

二、伏煉九鼎

伏煉九鼎，其實指的便是煉養金丹，因為九是金的成數。然而後世不明此理之丹家，卻總結出內丹修煉的九個次第過程，稱為「九鼎煉心」。

第一轉：止念。

第二轉：開祖竅。

第三轉：靈光漸明。

第四轉：河車搬運。

第五轉：三花聚頂結聖胎。

第六轉：龍虎交媾。

第七轉：十月懷胎和三年哺乳。

第八轉：法身出崑崙。

第九轉：還虛合道。

煉製還丹：丹藥煉成之後，還要進行溫養，也就是煉還丹，只有將丹藥溫養成熟之後，才能真正的回歸先天真一之炁。

脫胎神化：法身得到護佑和溫養，逐漸的就筋骨堅強，智力充沛，情性純全，心正膽大，自然而然的就脫胎神化，形神俱妙，入水不溺，入火不焚，隨遠隨近，能去能來，往返自如，出入任己。

扶助：在聖胎溫養過程中，剛成就的法身如孩子一樣，膽小體弱，很容易被驚嚇和干擾，所以就需要後天的軀體如大臣似地扶助。二者的關係如同君愛臣，臣敬君，不可須臾輕忽地撫育和扶助，法身才能安然無恙。

溫養：聖胎中的法身將要脫出殼的時候，此時命功已經完畢，只須慎修性功了，此時法身因從聖胎中才脫化，其體幼弱，盤骨未堅，智力未全，膽小模糊，還經不起太空中精怪和惡魔的干擾，所以必須將其處於中宮耐心保護，殷勤溫養。

聖胎形成：經過煉精化炁，煉炁化神之後，精、炁、神三者已經形成聖胎，也就是結成了內丹，但是這時還不算真正成功。

三、河車搬運產黃輿

下有太陽氣，伏蒸須臾間。先液而後凝，號曰黃輿焉。歲月將欲訖，毀性傷壽年。形體為灰土，狀若明窗塵。

採藥火候來臨，則神氣交媾、炁穴旋轉中，自有能量（元炁）衝撞之勢，此時應迅速以意引其自尾閭上夾脊至泥丸。「伏蒸須臾間」，則指採藥要以武火，要迅速；「下有太陽氣」，則指元神之陽火，使丹田暖意融融如春。將大藥與口中玉液相隨咽至丹田封固，即是「先液而後凝」，這個封固的大藥，便稱之為「黃輿」。之所以如此稱謂，是因為採藥歸爐運行周天如車輿行於黃道之上，所以稱為「黃輿」。

「黃輿」以下四句，則採藥歸爐後的感受（內景）。大藥入爐鼎，則萬念俱滅，神形如灰，復歸太極至虛無，就像歲月終結之隆冬，無半點生機；形體則無限擴大，輕飄若無，就像自室內望向窗外、陽光中飛升的塵埃。

有此感受，方為金公歸舍。不過不同法門、不同修為，其內景亦有所不同。

四、文武火候煉成丹

搣合併治之，馳入赤色門。固賽其際會，務令致完堅。炎火張於下，晝夜聲正勤。始文使可修，終竟武乃陳。候視加謹慎，審查調寒溫。周旋十二節，節盡更須親。氣索命將絕，休死亡魂魄。色轉更為紫，赫然成丹。粉提以一丸，刀圭更為神。

採藥歸爐後則應勤加煉養，方可成丹。煉藥階段，以文火運周天，煉養久之，則會煽開丹田氣機而自動轉入胎息。

胎息之中，任督二脈自然打通，元神真火於丹田自然催動大藥循周天而運轉，皆為無意自然狀態。寂靜之中，可反耳內聽到神氣運轉之聲，晝夜不絕。

煉養大藥應用文火，但結丹止火時須以武火。所以煉丹時要謹慎調整火候，以防臨爐泄丹。養丹時不可念起，念起則火燥；亦不可意散，意散則火寒。其火候運用正如十二消息卦所示，由復至剝，由剝而復，陰極而陽，陽極則陰，循環往復，終而復始，即為「節盡更須親」。隨著胎息深入，則有氣絕身亡之感，繼而絕後復蘇，此時內視則大藥成

為紫色光團,結為還丹。此丹雖然不大,但卻是最為有效的延年仙藥。

五、採藥歸爐與煉藥成丹

精生可採之時,要迅速河車運轉採藥歸爐,大藥歸爐時封固,以文武火候運提周天不斷煉養,最終才可成為還丹。

1. 採藥歸爐

採藥歸爐之時,金公歸舍的內景是:萬念俱滅,神形如灰,復歸太極至虛無,就像自室內望向窗外,陽光中飛升的塵埃。

採藥歸爐之後,精炁神三家相合腹鼎,因為採藥歸爐運行周天如車行於黃道之上。

2. 煉藥成丹

煉養藥物:此時應以文火運行周天,不久後則自動轉入胎息狀態。任督二脈自然打通,元神真火於丹田自然催動大藥循周天而運轉,皆為無意自然狀態。

3. 煉養內景

寂靜之中可反耳內聽到神氣運轉之聲，晝夜不
絕。

4. 結丹止火

此時須以武火，內視則大藥成為紫色光團，結
為還丹，此丹雖然不大，但卻是最為有效的延年益
壽之藥。

六、丹成內景

元神與元精相合成丹時，以目反觀體內，會出
現種種內景。這些內景是丹法修煉的效驗，隨一步
步的正確效驗，丹家最終會道成德就。

太乙召喚：道成德就時並不是真有太乙之神來
召，而指的是丹法修煉會得到最終的效驗，即祛病
延年。

功滿飛升：道成德就時並不是真的飛升入仙
寢，而是身輕體健，人人皆可見證。

運目反照：道成德就時，運目反照督脈精氣運
行狀態，可見到清晰的骨骼形象。

混而相扶：神火與精金相合於丹田，內視之景會出現外紅內白，外火內金之像。

氣達全身：修煉之時，運目內視體內，則可見到鼎若蓬壺，其臟腑連接，如諸多小室有路相連。

七、煉成金丹之效驗

「巨勝尚延年，還丹可入口。金性不敗朽，故為萬物寶，術士服食之，壽命得長久。金砂入五內，霧散若風雨。薰蒸達四肢，色悅澤好。髮白皆黑，齒落生舊所。老翁復丁壯，耆嫗成姹女。改形免世厄，號之叫真人」。

大意是透過內丹術修煉得道，人可以如沐春風，容顏光潤，白髮變黑，落齒復生，時光逆轉，年輕回春，老翁變壯丁，老婦成少女，煉形駐世長生不老。

內丹功法可以使人延年益壽進而超越人體生命的界限。歷史上一些著名高道，遠如彭祖800歲、老聃（前600年—前470年之後）130餘歲、容成公800餘歲、千歲翁安期生（生於元代卒於清末）；上陽子陳致虛500餘歲（生於清康熙年間卒於民國年間）；李慶遠275歲，明代孫教鸞活到106歲時，

不願駐世遷神出頂而羽化。又如藥王孫思邈百餘歲、葉法善（616—720）104 歲、呂洞賓百餘歲（卒無記載）、陳搏 118 歲、石泰（張伯端弟子）136 歲、藍元道（張伯端師兄弟）172 歲、張三豐 212 歲等，皆修煉有成而獲高壽，名垂史冊。

僅就清代有年代可考的龍門派丹家而論：王常月（1520—1680）160 歲、沈常敬（1523—1653 年）130 歲、王永寧（1597—1721 年）124 歲、范太青（1606—1748 年）142 歲、白馬李（1615—1818 年）203 歲、高東籬（1621—1768 年）147 歲。當代世界著名壽星吳雲清（1838—1998）160 歲，圓寂八年仍然真身不腐。

八、丹道仙術

自古儒教之學仙者，如漢朝大儒劉子政、宋朝大儒邵堯夫；釋教之學仙者，如宋之道光禪師、清之華陽禪師；道教之學仙者，更不可勝數。此外若王子喬乃周靈王之太子，東方朔乃漢武帝之幸臣，馬鳴生齊國之吏胥，陰長生漢室之貴族，魏伯陽隱逸之流，左元放方術之士，呂純陽唐之進士，劉海蟾燕之宰相，鍾離權位列將軍，張三豐身為縣宰。

以上所舉諸位，世俗相傳，皆承認其為神仙。然都
是在家人，而非出家人，豈但不是和尚，並且不是
道士，亦復不是孔老夫子之信徒。後人將神仙學說
與儒釋道三教義理混合為一，而神仙真面目遂失。
譬如白淨皮膚上，塗了許多顏色，自以為美觀，適
足以貽譏於大雅耳。

　　仙有五等：鬼仙、人仙、地仙、神仙、天仙。
鬼仙者，不離乎鬼也，能通靈而久存，與常鬼不
同；人仙者，不離乎人也，飲食衣服，雖與人無
殊，而能免老病死之厄；地仙者，不離乎地也，寒
暑不侵、饑渴無害，雖或未能出神，而能免衣食住
之累；神仙者，能有神通變化，進退自如，脫棄軀
殼，飄然獨立，散則成氣，聚則成形；天仙者，由
神仙之資格，再求向上之工夫，超出吾人所居之世
界以外，別有世界，殆不可以凡情測也。

　　煉形之法，總有六門：其一曰玉液煉形，其二
曰金液煉形，其三曰太陰煉形，其四曰太陽煉形，
其五曰內觀煉形，其六曰真定煉形。若此者，總非
虛無大道，終不能與太虛同體。唯此一訣，乃曰真
空煉形，雖曰有作，其實無為，雖曰煉形，其實煉
神，是修外而兼修內也。依法煉之百日，則七魄亡

形，三屍絕跡，六賊潛藏，十魔遠遁。煉之千日，則四大一身，儼如水晶塔子，表裡玲瓏，內外洞徹，心華燦然，靈光顯現。故《生神經》曰：「身神並一，則為真身。身與神合，形隨道通。隱則形固於神，顯則神合於氣。所以蹈水火而無害，對日月而無影。存亡在己，出入無間。或留形住世，或脫質升仙。」

主採補者，以陽盡則鬼，陰盡則仙，人在半陰半陽之間，可鬼可仙。人至十六歲而精通，周八年則去一陽，至六十四歲而陽絕。故除童子修道可以不用採補，若至中年，損精已多，非採補不足以還原。道書所謂「竹破竹補」，「衣破衣補」是也。迨至元陽補足，然後可以「築基」「煉己」「結胎」「出神」，而道成矣。倡之者彭祖、和之者張三峰（非三豐祖師）。

主藥物者，倡內丹、外丹之說，以為內丹不易成就，外丹如成，雞犬可仙，何況人乎？外丹者，以鼎爐為工具，汞鉛為藥物，火候為妙用。分人元、地元、天元三種。人元丹只能祛病延年，地元丹可以點石成金，為神丹之原料，天元丹謂之金丹，亦曰神丹，非神仙不能煉。一粒下嚥，即羽化

而登仙。此說本於秦漢方士，而葛仙翁、許旌陽，
其最著者也。

主清淨者，不持經咒，不用藥物，不主採補，
全以本身之陰陽抽坎填離，迨至精化為炁，炁化為
神，神返乎虛，始謂之三花聚頂（精炁神歸一），
五炁歸元（五臟之炁歸一），仙道乃成。其中亦有
人、地、天之分。「人仙」只能長壽，不能不死；
「地仙」可以不死，不能離地，地毀則同毀；「天
仙」則超出世界，與天常存。自來修仙莫不由此，
為道家之正宗。

九、女子丹道仙術派別

仙學首重長生，長生之說，自古有之。老子
曰：深根固柢；莊子曰：守一處和；《素問》曰：
真人壽蔽天地，至人積精全神，聖人形體不敝。然
理論雖著於篇章，而法則不詳於記載，學者憾焉。

自《參同契》《黃庭經》出世而後，仙家煉
養，始有專書；唐宋以來，丹經博矣。而隱語異
名，迷離莫辨；旁支曲徑，分裂忘歸。既不明男子
用功之方，遑論女修秘要乎？上陽子云：女子修
仙，以乳房為生氣之所，必先積氣於乳房，然後安

爐立鼎，行太陰煉形之法。又丹經常言：男子修成
不漏精，女子修成不漏經。至問其氣如何能積？經
如何不漏？皆未嘗顯言。《黃庭經》云：授者曰師
受者盟，攜手登山歃液丹，金書玉簡乃可宣。《參
同契》云：寫情著竹帛，又恐泄天符。又云：三五
與一，天地至精，可以口訣，難以書傳。是知修煉
家隱祕之習，不自今日始矣。

　　從來丹訣，重在口傳，不載於書，而女丹訣尤
甚。今欲窮原竟委，俾成為有系統之研究，非易事
也。考以前道家分派之法，有以人分者，如邱長春
之龍門派、郝太古之華山派、孫不二之清淨派等
等；有以地分者，如北七真派、南五祖派、陸潛虛
之東派、李涵虛之西派等等。

　　然此種分派，對於女丹訣，頗不適用，且為教
相之分派，而非科學之分派。愚意認為女丹訣之派
別，不以人分，不以地分，當以法分，庶有研究之
興味，而便學者之參求。

道家窖藏內丹功夫攝生秘笈

　　隋唐是中國道教的一個鼎盛時期，原因來自李唐時期的皇族崇尚道教。

　　李淵自稱是道家鼻祖老子（李耳）之後裔，李氏得天下後則更堅定了這一說法，於是大興其道，道教也迎來了一個嶄新的春天。

　　武當山，有史以來就是道家修習的重要之所。從遠古的真武大帝到戰國時期的尹喜，一直都延續到今天。

　　相傳，當年關尹子老祖先得老子所傳《道德經》，深知其博大，故在選擇修行之處時，落於武當而成道（係武當道家發展經久不衰的原因），密傳丹法（俗稱密傳丹派）在這時開始生根、繁衍，並逐步形成了具有獨特風格的武當流派。

　　唐代中期，是武當道教的興盛時期，武當節度

使姚簡後來也成為著名的道士。據史載，唐代著名的「藥王」孫思邈、「八仙之一」的呂洞賓均曾在武當山修道。各門各派相繼產生，一時間出現了群芳爭豔的局面。

就在這個時期，武當隱修道人金晶子祖師將老子的清靜無為之道、文始內煉成丹的金丹之法與武始先祖元聖真靈子（先秦時期人士）所遺留的武道修真密技相結合，集修真、武學大成於一身。最後，確定了「依武入道、武道相合」的修真方針。

鍾祖曰：「苦志行持，終不見功者，非道負人，蓋奉道之人，不知名師，所受非法。依法行持，終不見功者，非道負人，蓋奉道之人，不知時候，所以不成。若遇名師而得法，行大法以依時，何患驗證不有乎？……」

本章將打破門規限制，揭開道教內丹術修證之神秘面紗，首次公佈道教6大門派核心獨門內丹功夫修真秘笈，弘揚中華易學及道家攝生國術，以期真正普度眾生，拯救蒼生，造福人類。

第一節 運和丹道之內丹功夫
修證次第

一、何為「運和」

「運和」在《易經》中為「雷地豫卦」。

《易經》云：「豫，利建侯行師。」豫者，悅也。

陳摶老祖卦詩：

> 蟄藏宇宙待陽和，一奮春雷變化多。
> 花果園林皆茂盛，建侯逢旅月迂高。

「運和」二字蘊涵了深厚的丹功密意：攝藏住宇宙天地間的陽和之氣勿使外泄，透過龍吟虎嘯的呼吸吐納導引之功讓一陽升運，當體內陽和之氣如春雷震發之際，真元之氣如園林茂盛而三花聚頂，是你建功立業大展鴻圖的好時機，一輪明亮的西天之月將高高升起。

二、「運和丹道」法自然

道家歷代祖師，乃屬普通常人，不過因修性得以入聖登真、養命得以延年益壽。所謂煉丹全是性命之道。性命就是身心，並無半點玄虛之處。

在功夫上包括：性功（煉心）與命功（煉身）；在學理上包括：性學與命學。

縱觀道家修煉之事，無不以性為體，以命為用，以心為君，以身為臣，以神為本，以炁為功，以意為煉，以精為樂，盡皆性命之事，故以性命二字統之。

修煉性命，總不外以精、炁、神為主，所謂聚精、養炁、存神，乃古真攝生三要。所謂「煉精化炁」「煉炁化神」「煉神還虛」，是修煉金丹接命延年入聖登真的要道。是以煉精、煉炁、煉神，實乃運和丹道攝生修真的精義。

在運和丹道修煉的過程中，將會達到以下三種功效：

淨化身心，即透過內丹功訓練，運用煉意、煉氣、做架等方法，淨化人體的物質能量、思想心理、外部形體、內部器官，從而清除人體有形之體

和無形之物質中的雜質，使其純淨。

內丹功修煉的關鍵就在於淨化身心的過程。淨化身心的過程也是不斷採儲能量和激發潛能的過程。所以，淨化身心是內丹功修煉的基礎。

古人云：「故虛心無欲非求於道，而道自歸之」，「養丹田，淨六腑，⋯⋯可以變朽為榮矣。」即是說，在內丹功修煉中，只要做到「身心」處於淨化狀態，那麼自然會達到平秘陰陽、疏通經絡及扶正去邪的效果，練功效應即可不求而自得。

採儲能量，包括採攝能量和儲存能量兩個方面。即透過內丹功修煉，在淨化身心的過程中採攝宇宙的精微物質（氣、光、音、中藥等被稱為「自然之元炁」的能量資訊物質），並促發人體內的能量物質（即所謂「先後天之氣」），使人體能量物質不斷從質和量上提高。

開發潛能，就是透過內丹功訓練，使人體的正常功能得以延伸發展，使人體潛在的超常功能得以開發而表現為特異功能。

只有當身心得以不斷淨化，能量採儲相當充分時，人體的潛能才會被開發出來。

三、「運和丹道」依武入道──
快速煉己築基

　　所謂道者：即道功。其內涵為：「性」「命」雙修，是東方攝生文化中「運動攝生」的最高層次。性命之學是儒、釋、道三家修身之道的核心內容，也是三教同源之所在。儒家窮理盡性而稱聖，釋家明心見性而稱佛，道家修真攝生而稱仙。性者，神也。命者，氣也。性，是指元神，即先天之神。命，是實神，即後天。

　　所謂武者：即透過習練武功來達到內練精、炁、神，使之精旺、炁足、神全；外強筋、骨、皮，使之具備抵禦外魔的干擾。使修煉者身體輕靈、體態強健、經絡暢通、丹元飽滿。

　　運和丹道的修證體系完全遵循依武入道：即有為（頓法）──無為（漸法）──無不為（金丹大道）。

　　運和丹道修證次第很重視火候的掌握。武火呼吸吐納口訣：「用心意集中於丹田內，先吸後呼，一吸百脈皆合，一呼百脈皆開，呼吸往來，百脈皆通，氣血暢通，百病皆除。」

　　依武入道透過武火快速煉氣入門的典型丹功即為「運和丹道之五行七步功」。武當太乙五行七步功修煉則係順天道而行，其修煉之重點則是：意、炁、架、藥，即內丹功修煉四大要素（煉意、煉炁、做架、攝藥）。

　　運和丹道之「五行七步功」立足於「雷地豫」卦象及八卦五行理論，即東（木）、西（金）、南（火）、北（水）、中（土）。是綜合呼吸吐納、動作導引、採炁充形、食氣吞津、氣運周身、快速煉氣通經的高級攝生丹功。該丹功簡便易行，上功快，使人迅速筋膜騰起，貫通經絡血脈，調攝氣機順暢，內實臟腑器官，旺盛新陳代謝。經由數日修煉即可達到快速擺脫亞健康而祛病強身、活力再現而年輕回春的神奇功效。

　　「五行七步功」最大特點就是透過「有為」之武火修煉而快速煉氣通經實現道家煉丹之第一種境界「煉己築基」入門，同時內服本門祕傳的「金丹藥酒」，外用「排打散」，一般在15天初功告成，達到祛病強身，功力可碎石裂碑（開磚碎石不是目的，只是檢驗功力上身的方法）。

　　如此由武火修煉，短時間快速得氣（啟動命門

眞氣），打通關竅，袪病強身，實現煉己築基後，再修煉中乘丹功則立竿見影，事半功倍。因為真正的修煉途徑，是經過煉己築基、煉精化炁（調藥、採藥、封爐、煉藥）、煉炁化神之後，方可進入煉神還虛（產大藥）的階段。

在經過文火加武火以及天人合一採攝宇宙真元能量的長期苦練後，將很順利地進入到煉神還虛完全文火的條件反射階段，人不煉功功煉人。開關展竅，洗髓伐經，氣潤周身，五氣歸元，始於有意，終於無意，璇璣不停，自動周天（子午周天、卯酉周天）自轉，不煉自煉。

四、「運和丹道」眾弟子修證體悟

三豐曰：「無根樹，花正開，偃月爐中摘下來。延年壽，滅病災，好接良朋備法財。從茲可成天上寶，一任群迷笑我呆。勸賢才，休賣乖，不遇名師莫強猜。」

在運和丹道的修證體系中，不僅包括快速煉己築基的「五行七步功」初乘丹功，更包括有煉精化炁的中乘丹功（如盤古周天自轉功、太極引氣歸元混元大法等）以及煉炁化神、煉神還虛的上乘丹功

（如太極盤古樁、遁天混元五行令、七星行穴胎息
大法、五行轉運化煞大法、仙術六部金丹秘訣
等）。任何人只要按照運和丹道循序漸進的修真體
系立志踐行修煉，想不成功都很難。

筆者是當代丹道的學術研究者與實修踐行者，
先度己後再度人。深感欣慰的是，運和丹道已讓眾
多問道無門的人受益。根據數位運和丹道弟子切身
的行功傳道體驗，總結出在習練運和丹道不同階段
丹功時的行功要點和注意事項，以供初學者參考。

1. 初乘丹功

在修煉「五行七步功」時，須嚴格遵守戒律。
要想快速達到煉己築基的效果，呼吸吐納是首要，
其次是功架，再次是金丹藥酒。

呼吸吐納的要點：口吸鼻呼似龍吟虎嘯；呼吸
時配合吞津下嚥；逆腹式呼吸；提會陰穴等等務必
到位。初學者在習練「五行七步功」兩週之後，身
體狀況均較以往有了明顯質的改善，一般都會出現
以下的練功體感：手心明顯發麻發脹、睡眠品質提
高、飯量增加、精力旺盛、肥胖者減肥塑身效果明
顯等。然而並不是所有人一開始就適合修煉初乘的

「五行七步功」，如嚴重氣虛者就不宜練「五行七步功」而應先練逆腹式呼吸吐納之十六字煉氣訣（一吸便提，氣氣歸臍，一提便咽，水火相見），或初中乘丹功結合修煉，待身體氣血充足、陰陽調衡之後，返回修煉「五行七步功」就不會出現身體不適的現象了。

2. 中乘及上乘丹功

初乘主築基，快速煉氣通經、祛病強身；中乘主修命，煉精化炁；高乘主修性、煉炁化神。

很多學員在完成煉己築基後又繼續修習了運和丹道的中乘及上乘丹功，繼續領悟了運和丹道所帶給他們的神奇體驗。一般修煉至中乘丹功，亞健康職業病基本消除，筋膜騰起，如：李冰修煉中級不到半年進入中高乘境界，出現虛室生白、蟾光出現、六根震動等現象；修煉至上乘，氣潤全身，百病不生，大小周天隨時自動運行，周身來力反彈；如：胡雄一校長在行太極椿和盤古椿時，全身似有電流，有熱流從尾閭沿督脈上升、任脈氣流下降，耳旁如穿越隧道風聲，站無極椿時習練上乘丹功三個月，發力送人於丈外。

「性靠自己悟，命要真師傳」及「師傳領進門，修行靠個人」，歷代老前輩只傳授修煉方法，卻不探求點化原委，告訴其然，但不傳授其所以然，導致如期修煉成功者或者初功告成後及時進行修煉境界升級的人少之又少。

運和丹道之傳授，廢除傳統師徒制，採用導師制傳授方法，真正做到「傳道、授業、解惑」。

「實踐是檢驗真理的唯一標準」，諸多案例證明運和丹道所整合的是一套科學合理的丹功修證體系。運和丹道披露了快速武火煉氣通經入門丹功，以及煉己築基、煉精化炁、煉炁化神等不同修持階段相應的內丹功法修煉秘笈，以期讓更多問道無門的人得以快速入門得道並能真正體驗到中華道家丹功的神奇境界。

第二節　運和丹道煉己築基之五行七步功

一、追本溯源五行七步功

道家養生古名攝生、道生，即以老莊道家思想為宗旨，太極八卦陰陽五行學說為指導，以調陰

陽、和氣血、保精神為原則，運用調神、導引、吐納、食氣、吞津、胎息等方法，使精炁神後天轉化先天，運用先天之炁滋養後天。調和陰陽、流通氣血、培補精炁、鍛鍊筋骨，頤養臟腑，調理肌膚。從而達到性命雙修袪病長壽的目的。

五行七步功，據悉係武當山（老武當）梁九老道長所傳。

本功以「內練一口氣，外練筋骨皮」為主，用意引氣，意到氣至，氣到力達，漸步練至陰平陽秘、意氣通神，營氣內行脈中五臟六腑，衛氣外及脈外四肢百骸，最終達到渾元一體、天人合一的境界。

二、運和丹道太乙五行七步功的卦象易理

明朝大醫家張景岳參悟出「易之為書也，一象一爻咸寓尊生之心鑒」。這是真實不虛的，易經的卦象其密意皆為行功修真之功法指南。五行七步功的功法要領及行功方法，暗合「運和丹道」雷地豫卦的卦象易理，茲分解如下：

雷地豫☷☳本卦上震☳下坤☷，錯卦為風天小畜☰，上巽☴為風，為入，為呼吸吐納，下乾☰為純

陽真炁，小畜卦☴中含☲離火之心與☱兌金之口之食，雷地豫卦☳中含坎☵水，艮☶手，合之為將艮手☶從坤☷腹部上提至心門☲離位，食氣☲，吞津☵，採乾元☰之真炁以巽風☴吸入，而充滿全身，提震☳踵下震坤地☷，震動腎陽坎☵水，氣機發動。乾☰為龍吟，兌☱為虎嘯，☲為噴發，為☷坤腹式猛噴，☰乾為開，開百脈，☷為合，百脈合，艮☶為止，為閉氣，艮為始而終，為還丹坤腹。故豫卦象曰：「雷出地奮」，像春雷噴發，使人身振奮而氣血旺盛，煉氣通經，小有積畜。豫者怡悅也，象辭曰：「由豫，大有得，勿疑，朋盍簪」，行此豫卦之功可大有所得，不用懷疑，你的元炁會日益集聚。「豫，悅豫也，備豫也」，並且這是「治未病」的快樂之功。

行雷地豫卦的密意為其互卦為☵水山蹇（ㄐㄧㄢˇ）卦，上卦為坎月之水☵，下卦為艮山☶，為自己，為人身，中存離火☲為日，為光明，象意為行功之時日月精華如同高山流水一樣滋潤全身，蹇卦象辭為：「君子以反身修德」，即以天地生生之德反身自潤也。故蹇卦辭曰：利見大人，貞吉，往有功也。象辭曰：往蹇來反，內喜之也。身體內部由於

服食天地之氣、藏德不止，使內氣充盈而多有喜悅之風景。不僅如此，蹇卦象辭又曰：往蹇來連，當位實也。往蹇來碩，吉，利見大人。堅持行功吐納往來不斷，可使臟腑健實，碩果累累，更有機會面見金丹大人——西天之月。

行「運和丹道」雷地豫卦之功的結果怎麼樣？這要見其綜卦：地山謙卦，上坤☷下艮☶，地山謙卦辭曰：「謙，亨，君子有終。」象曰「勞謙君子有終吉」，「天道下濟而光明」，「謙尊而光」。可以得到來自天道下濟的大光明：一輪明月飛上天，那時你將得到人們的尊敬，道德更加光耀！

三、五行七步功功架

呼吸吐納心法

【方法】龍吟虎嘯（吸則如龍飲水，呼則如虎咆哮）、逆腹式呼吸吐納方法。

【要領】胸式飽吸，腹式猛噴。足吸盡呼，吞津入丹，吸於口鼻呼於臍，吸則百脈合呼則百脈開。

【換息】吸氣之後即歎氣。這樣吸氣一次、歎氣一次，術語稱之為換息。吸氣之時微張上腹，歎

氣之時氣沉丹田。

【功理】由吸氣、歎氣的逆腹式吐納方法，可使吸入的氣體能夠貫穿、溝通胸膈部位第一關（前胸為陰，背後屬陽，陰面三關分別是：胸膈第一陰面關、臍眼第二陰面關、丹田第三陰面關，如果這一關打通，就為打通第二關、第三關奠定了基礎）；透過食氣、吞津、閉氣、還丹等複合式鍛鍊，可快速煉氣通經。

【十六字訣】一吸便提，氣氣歸臍；一提便咽，水火相見。

【境界層次】本功法有四個境界練法，即單操吸歎吐納、單操閉息後吐納、整操吸歎吐納以及整操閉息吐納。本書僅公開第一層次修煉秘訣。

【預備勢】早晨面朝東，晚上面朝西，高馬步站立，無極樁靜養3分鐘。頭頂虛懸，虛靈頂勁，沉肩垂肘，含胸拔背，尾閭微前吊，圓襠坐胯，雙腳十趾抓地。（圖3-1）

圖3-1

1. 煉氣開工

　　做架、行前四換息後，兩手輕抬至丹田，十指相對，掌心向上，吸氣兩手繼續上抬，兩膝緩緩挺直，提起腳跟，兩手至心門穴處停止，腳跟也停止上提；略為停頓，兩手內翻，掌指相對，掌心向下同時歎氣，腳跟下震地面，兩膝保持直立；腳跟下震至地時提肛，兩手同時降至丹田，後兩手外翻，掌心向上，再吸氣重複以上動作。如此一提一震為一煉氣，開始共做9煉氣。（圖3–2～圖3–5）

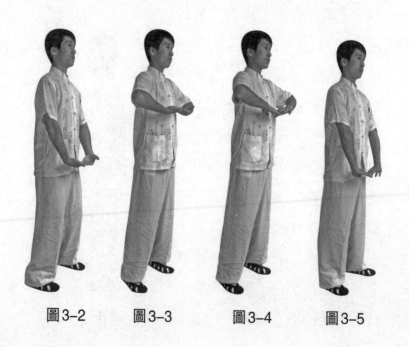

圖3-2　　　　圖3-3　　　　圖3-4　　　　圖3-5

【功效】震動經脈使全身氣機發動，震動腎陽。

2. 降龍伏虎

接預備勢。右腳橫邁，雙腿下蹲成馬步站立，腳尖內扣；同時，兩掌向兩側平舉至與肩平，吸氣至滿，閉氣，收腹，全身繃緊，十趾抓地，提肛收臀，雙腿用力內扣，沉肩，力達指尖，意守丹田。閉氣定勢半分鐘。

緩慢以氣催力發聲噴氣，氣盡力盡，雙臂下落至體側，全身放鬆，還原為預備勢。（圖3-6）

圖3-8

3. 青龍探爪

接預備勢。做成第二步功架降龍伏虎見圖
3-6，閉氣定勢10秒鐘，然後兩掌收至兩肋，掌心
向上，停頓5秒鐘，掌心翻下，停頓5秒，力達指
尖，平掌向前插出；同時，緩慢以氣催力發聲噴
氣。力盡氣盡，雙臂下落至體側，全身放鬆，還原
為預備勢。（圖3-7～圖3-9）

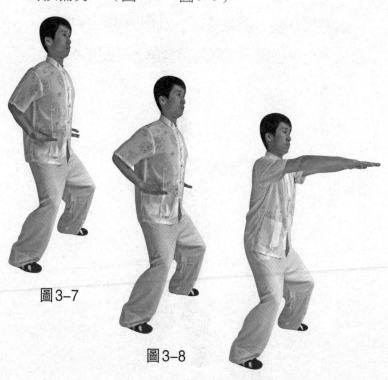

圖3-7

圖3-8

圖3-9

4. 霸王擎天

接預備勢。重複降龍伏虎見圖3-6，閉氣定勢
10秒鐘，然後兩掌向前交叉於小腹前，然後上舉至
頭頂（伴隨提會陰收尾閭，引氣上行），重心上
移，兩掌向兩側外分（伸懶腰狀）；同時，緩慢以
氣催力發聲噴氣，力盡氣盡，雙臂下落至體側，全
身放鬆，還原為預備勢。（圖3-10～圖3-13）

圖3-10

圖3-11

圖3-12

圖3-13

5. 傲龍馱山

接預備勢。重複降龍伏虎見圖3-6，閉氣定勢 10秒鐘，然後兩掌向身後交叉繃緊，氣灌後背，定 勢10秒鐘，然後兩臂向兩側外分至與肩平；同時， 緩慢以氣催力發聲噴氣，力盡氣盡，雙臂下落至體 側，全身放鬆，還原為預備勢。（圖3-14）

圖3-14

6. 排山倒海

接預備勢。左腳提膝為金雞獨立；同時，兩掌 提至兩肋，掌心向上，此時吸氣至滿，右腳五趾抓

地，提肛，閉氣定勢10秒鐘（圖3-15）。

左腳前落成左弓步，氣灌左側肋五趾抓地，兩掌蓄勢向前推出，力達兩掌；同時，緩慢以氣催力發聲噴氣（圖3-16）。

力盡氣盡，左腳收回，雙臂下落至體側，全身放鬆，還原為預備勢。再行右腳，功架同左腳。

圖3-15

圖3-16

7. 古樹盤根

接預備勢。重複降龍伏虎見圖3-6，閉氣定勢10秒鐘，然後兩掌收至兩肋，掌心向上，停頓5秒

鐘，兩掌心相對，手指朝下下插，力達指尖，欲入地三尺，十趾抓地，提肛收臀，咬牙瞪目；同時，緩慢以氣催力發聲噴氣。力盡氣盡，右腳收回，雙臂回落至體側，全身放鬆，還原為預備勢。（圖3-17、圖3-18）

圖3-17

圖3-18

四、「五行七步」獨門藥酒道具

①內服行氣通經培元藥酒：煉氣補氣、行氣通經（配方略）。

②外用排打藥酒：壯筋強骨，活血化淤，增加

掌力（配方略）。

③負離子發生器：淨化混濁空氣，釋放負離子（有機眞元宇宙能量），助於採氣煉氣。

五、「五行七步」輔助功法

1. 循經排打功

行功完畢，抖腕震掌全身循12正經排打（圖3-19～圖3-21）。經絡排打順序見表3-1。

圖3-19

圖3-20

圖3-21

表3-1

左側正行右側反行		右側正行左側反行	
左側手三陰經	胸—手	右側手三陰經	胸—手
左側手三陽經	手—頭	右側手三陽經	手—頭
左側足三陽經	頭—足	右側足三陽經	頭—足
左側足三陰經	足—腹	右側足三陰經	足—腹
右側足三陰經	腹—足	左側足三陰經	腹—足
右側足三陽經	足—頭	右側足三陽經	足—頭
右側手三陽經	頭—手	左側手三陽經	頭—手
右側手三陰經	手—胸	左側手三陰經	手—胸

2.鐵板橋功

人懸空平躺在兩張長條凳中間，深吸一口氣，氣沉丹田，凸小腹，兩手隨氣下沉疊放至小腹上。凝神入炁穴，內視內聽肚臍神闕。閉氣一分鐘，兩手提氣緩緩呼出。如此再行第二換息。（圖3-22～圖3-25）

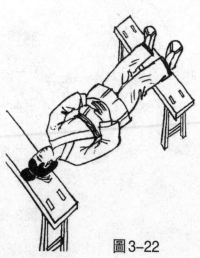

圖3-22

圖3-23

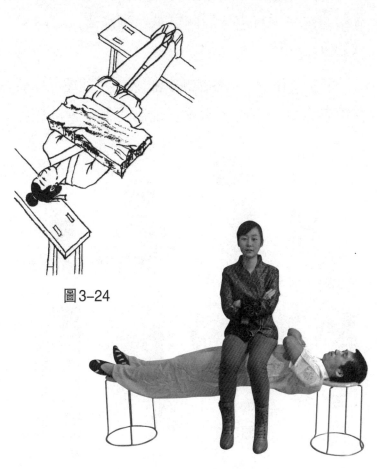

圖3-24

圖3-25

3. 採氣法

①高馬步，下蹲，兩手成虎爪從兩腳中間開始抓氣，沿足三陰經上行，經過腹胸，伴隨吸氣，快入口時猛吸至滿，然後隨津液吞咽入丹，雙手隨津氣緩緩沉至下丹田，同時以鼻勻速呼氣。（圖3-26～圖3-31）

②左高仆步，雙手成虎爪狀，右手前虎爪貼於左手腕內關，下腰，兩手從前腳內側沿三陰經抓

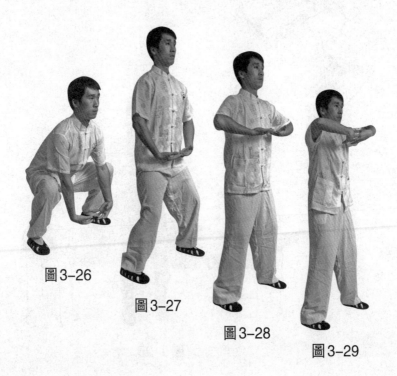

圖3-26

圖3-27

圖3-28

圖3-29

圖3-30　　　　　　　　　　圖3-31

氣，伴隨吸氣，快入口時猛吸至滿，然後隨津液吞
咽入丹，而後以鼻勻速呼氣；一換息後再轉換成右
高仆步，採氣方法同上。（圖3-32～圖3-36）

圖3-32　　　　　　　　　　圖3-33

圖 3-34

圖 3-35

圖 3-36

【注意事項】

①行功以凌晨 3：00～6：00，晚 17：00～20：00 為最好，每天早晚各行 9 遍，也可在負離子房間隨時行功。

②行功前後 1 小時內不宜進食，特別禁忌喝冷茶水。行功前要排盡大小便，過饑過飽均不宜行功。

③習練本功不宜同練他門功法。因為每種功法都有獨特的氣機循行路線，同練幾種功法體內氣機互相干擾易出偏差，但靜養功可以同練。

④修煉本功要睡眠充足精力充沛，特別禁忌房事後練功，精為氣母，傷精則傷氣。

⑤禁忌酒後行功（酒使氣散），此時行功，必然傷身和出偏差。

⑥行功後，不宜碰冷水或吹冷風，極易風濕內侵，經筋收縮。

⑦子、午時辰不宜行功。

第三節　運和丹道太極內丹功夫

一、太極引氣歸元混元大法

1. 內丹修煉概述

《張三豐太極煉丹秘訣》：「太極行功，功在調和陰陽，交合神氣，打坐即為第一步下手工夫。行功之先，尤應治臟，使內臟清虛，不著渣滓，則神斂氣聚，氣息自調，進而吐納，使陰陽交感，渾然成為太極之象。然後再行運各處功夫，冥心兀做，息思慮，絕情欲，保守真元，此心功也。盤膝曲股，足根緊抵命門，以固精氣，此身功也。兩手緊掩耳門，疊指背彈耳根骨，似袪風池邪氣，此首功也。兩手擦面待其熱，更用唾味偏摩之，以治外

侵，此面功也。兩手按耳輪，一上一下摩擦之，以
清其火，此耳功也。緊合其睫，睛珠內轉，左右互
行，以明神室，此目功也。大張其口。以舌攪口，
以手鳴天鼓，以治其熱，此口功也。舌抵上齶，津
液自生，鼓漱咽之，以潤其內，此舌功也。叩齒卅
六，閉緊齒關，可集元神，此齒功也。兩手大指，
擦熱揩鼻，左右卅六，以鎮其中，此鼻功也。既得
此行功奧竅，還須正心誠意，冥心絕欲，從頭做
去，始能逐步升登，證吾大道，長生不老之基，即
胎於此。若才得太極拳法，不知行功之奧妙，摯直
不顧，此無異煉丹不採藥，採藥不煉丹，莫道不能
登長生大道，即外面功夫，亦決不能成就，必須功
拳並煉。蓋功屬柔而拳屬剛，拳屬動而功屬靜，剛
柔互濟，動靜相因，始成為太極之象，相輔而成，
方足致用，此煉太極拳者，所以必先知行功之妙
用，行功者，所以必先明太極之妙道也。」

　　運和丹道修煉的重點，既是意、炁、架、藥，
即內丹功修煉的四大要素（煉意、煉炁、做架、攝
藥）。

　　古人云：「達摩西來一字無，全憑心意用功
夫。」內向性運用意識，使自己的意識活動與自己

的生命活動結合起來，所以對達摩祖師的這句讚語備受內家功夫界的推崇，而且也成了儒、釋、道、醫、武各家各派的練功方針。《黃帝內經素問·上古天真論》中說：「恬澹虛無，真氣從之，精神內守，病安從來。」《莊子·刻意》中說：「純素之道，唯神是守。」《莊子·人間世》中還詳細介紹了「心齋」即運用意識練功的方法，這實際上與管子所說的「心術」以及荀子所說的「治氣攝生之術」在強調意識上是不謀而合的。道家內丹學的經典《青華秘文》中也十分強調「神為主」「氣為用」「精從氣」，認為金丹之道，始終以「神而用精氣者也。」道家另一部重要的內丹著作《唱道真言》中也說：「煉心者，仙家徹始徹終之要道也。」所謂煉心，即煉意的意思。

2. 引氣歸元論

引氣歸元亦稱凝神入炁穴、氣息歸根、返本歸元。《圭旨》云：「涵養本源，救護命保。」玉蟾祖師云：「早遇明師傳口訣，只要凝神入炁穴。」北宋張伯端曰：「萬物芸芸各返根，返根復命即長存。」杏林師曰：「萬物皆有死，元神死復生。以

神入炁穴，丹道自然成。」以上各家法訣皆說明返本歸元的重要性，反映在整個內丹功修煉的過程中則是始終圍繞著「引氣歸元」這一宗旨來進行操作的，足以見得「引氣歸元」乃是內丹功修煉的根本大法。無此真傳內修之法門，皆為武之小術，難為武道至真。

人之神，日則散亂無依，夜則夢勻多端。以致元陽之氣虧損，浮陽外躍。散於周身不能潤固元陽，其身日漸衰弱。若不凝歸入定，則形神豈能俱妙乎？法在時刻迴光返照，將元神凝歸臍輪炁穴。此穴即在腰前、臍後，臍中稍下，有一虛無圈是也，名曰炁穴。乃吾人受生之初，所結而成。吾心止於此，而內觀之。使氣息逐漸平和意將練功時所得體內、體外之氣盡歸入此穴之中，似貓捕鼠、如龍養珠，真氣自然內運，暖熱陽生。丹田元陽之氣機逐漸生發，先覺微溫、而後發熱、逐漸大熱，如同火熾，又似湯煎。至此雖處隆冬數九之寒，只要丹田火起，便會全身和暖，雖著單衣亦可禦寒，此即丹書上所云「丹田無火而熱」的「自然真火」。

此「真火」係四肢百骸、奇經八脈、五臟六腑的精微物質凝炁穴，混合化生而得，「自然真火」的產生標示著丹道築基之法已入門庭。無此「真

火」，縱然勤加練習，也是枉參、枉修，毫無進益，終無所成。正如功訣所云：

> 採取元精全籍火，淡來真火少人知。
>
> 余今洩露天機奧，引氣歸元好行持。
>
> 神注丹田休漏泄，炁歸元海要流通。
>
> 開透三關諸病去，丹田溫暖老還童。

二、提踵震經開工大法

本功法的作用在於在開功之時震動經脈使全身氣機發動，震動腎陽。

1. 擺 架

兩腳分開與肩同寬，兩腿微屈膝成「高馬步」架子站立，兩手自然下垂於身體兩側，雙目輕閉，舌抵上齶，頭正身直，全身放鬆，呼吸自然，進行行前四換息。（圖3-37）

2. 做 架

兩手輕輕上抬至丹田處成兩

圖3-37

手十指相對，掌心向上，接著吸氣，兩手上抬，兩膝緩緩挺直；同時，提起腳跟，當兩手抬至心門穴處停止上抬，腳跟也停止上提，略為停頓，兩手內翻成掌指相對，掌心向下；而後歎氣，腳跟下震地面（兩腿膝關節保持直立狀），另外，腳跟下震接觸到地面時要提肛，兩手掌也同時下降到丹田處，接著兩手外翻成掌心向上的起勢，然後再吸氣重複以上動作如此一提一震為一煉氣。

此式開始共做9煉氣，10天後增加到12煉氣，20天後增加到15煉氣，一個月後增加到18煉氣，至此便不再增加。（圖3-38～圖3-41）

圖3-38

圖3-39

圖3-40

圖3-41

三、乾坤開合大法

乾坤開合功是修煉丹田開合、採炁充形、貫通中脈、坎離心腎相交、陽火陰符進退升降、周天運行、五心（百會、會陰、勞宮、湧泉、膻中）歸元的功法。

1. 擺 架

馬步開立，左腳橫開一步成高馬步樁，兩腿微屈，兩手自然下垂於身體兩側，雙目輕閉，舌抵上齶，頭正身直，全身放鬆，呼吸自然。（圖3–42）

圖3–42

2. 做架

　　環形上合下開：兩手領臂由兩側環形向頭頂百會穴處相合，然後兩掌沿中脈下行，於會陰穴處分開。（圖3-43～圖3-45）

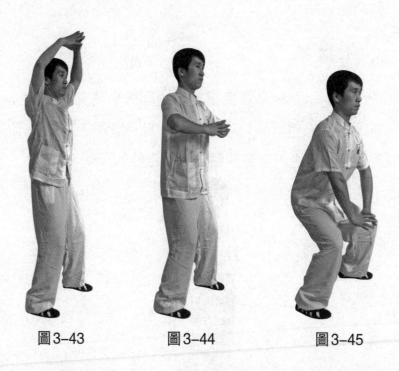

圖3-43　　　　　　圖3-44　　　　　　圖3-45

　　環形下合上開：兩手領臂由下向上沿中脈上行至頭頂百會穴處分開，上行中兩掌心保持相對。（圖3-46～圖3-48）

圖 3–46

圖 3–47

圖 3–48

　　如此反覆環形上合下開 9 次後換方向，再反覆環形下合上開 9 次後收功。

　　環形開合時，胸腹自然隨之開合折疊，身形自然隨之微微起伏，上下相隨，周身一家。

　　【意念】

　　開天開丹：以中丹田為中心，眼神心意引氣由內而外地向四周散發，意氣合一地領兩手同時開天，這叫開丹田。

　　合地合丹：意氣不停，由外而內地向中丹田聚合，意氣合一地領兩手同時合地，這叫合丹田。

四、五行採氣大法

五行採氣大法，係採五行之氣，行氣為奇數
（1、3、5、7、9皆可）。

1. 擺 架

雙腳與肩同寬，雙手勞宮
向外。位於前額前上方。（圖
3-49）

2. 做 架

吸氣，重心下降，雙手勞
宮向上再螺旋向下至胸前肩
側，氣從勞宮經手三陰經或中
脈至下丹田，下丹田膨脹，納

圖3-49

入五行之氣；呼氣，重心上升，雙手螺旋向上返回
原位，五行之氣從丹田存入命門，命門先凸後鬆，
體內廢氣從中脈至勞宮排出。（圖3-50～圖3-52）

【方位】

根據各人五行採補所需，選擇不同方位進行採
氣。詳細參照如下：

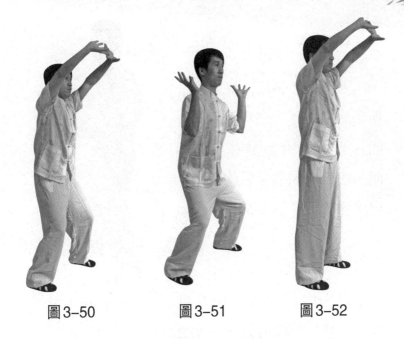

圖3-50　　　　　　圖3-51　　　　　　圖3-52

　　北—水—腎—小指（冬）；西—金—肺—無名指（秋）；南—火—心—中指（夏）；東—木—肝—食指（春）；中—土—脾胃—大拇指。

　　【意念】

　　吸氣時下丹田納入五行之氣，呼氣時五行之氣存入命門，體內廢氣從勞宮排出。

五、龍虎聚氣大法

　　本法功是一種快速採聚宇宙真元、能量的開放型功法。

1. 擺 架

兩腿微屈膝成「高馬步」
架子站立；兩手向身體兩側分
開、兩肘分別貼靠在身體兩
側，成掌指向前、掌心向上，
自然呼吸。（圖3-53）

2. 做 架

兩手由內向外，由小到

圖3-53

大，在體前畫圈轉動，如此自
然旋轉5分鐘。接著停止旋轉，全身放鬆，觀想自
己在朦朧宇宙真氣之中，意想宇宙的真氣、能量都
被你調過來，向畫圈的中心點手心處聚集，靜靜
地、細細的體會兩手上的氣感，兩手如同托住兩團
真氣，如此細細體會1～2分鐘。（圖3-54）

【原理】

宇宙間的真氣，在正常情況下是相對平靜的，
當你用手掌對著自己做環形運動時，周圍的氣均被
手掌攪動起來，在手掌畫圈的中心點，產生最大的
向心力和壓力。宇宙間的真氣、能量向這一點聚

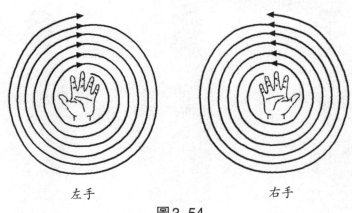

左手　　　　　　　　右手

圖3-54

集，即使是手掌已不做畫圈運動，但周圍的氣在一定的範圍內，仍然向原中心點聚集。所以此法可將宇宙間真氣、能量在最短的時間內聚集到兩手上。

六、龍虎開合大法

張三豐說：「一陰一陽之謂道。道者，修此陰陽之道也。」實質上，太極龍虎開合椿即乃人體陰面與陽面之開合。陰陽鼓蕩，疏通經絡。

1. 擺 架

兩手與肩同寬，身軀直正，頭頂懸，虛領頂勁。兩眼似閉非閉，返觀內照，舌抵上齶，全身放鬆，自然呼吸。（圖3-55）

圖3-55　　　　　　圖3-56　　　　　　　圖3-57

2. 做 架

雙腿分開與肩同寬，微屈膝，沉肩垂肘，雙手勞宮相對，抱住氣團。兩手兩肘開合運行軌跡均為非常扁的橢圓。吸氣時命門穴放鬆，重心位於前腳掌，勞宮穴微凹；呼氣時命門穴後凸，脊柱繃直後靠，重心位於後腳跟，勞宮穴微凸。（圖3-56、圖3-57）

【口訣】

環抱丹田靜待動，勞宮相對意氣連，一開一合

意綿綿，一呼一吸現真元。

【意念】

吸氣時下丹田鼓凸（鼓腹），兩手兩肘向外打開，勞宮微凹，所抱混元氣團從勞宮→中脈或手三陰經→下丹田；呼氣時下丹田裡凹（收腹），兩手兩肘向內收合，勞宮微凸，混元氣由下丹田→命門→督脈上行→衝夾脊→大椎→中脈或手三陰經→勞宮，在兩手中形成混元氣團。可想像兩手勞宮穴之間有真氣凝聚，難以壓縮。

註：下丹田龍虎開合之後便進入中丹田龍虎開合之境，此處不便於公開。

七、滾珠攝氣大法

1. 擺 架

接上式。當兩手合攏至6～10公分時則停止開合，全身放鬆，感受兩手間的氣團1～2分鐘。（圖3-58）

圖3-58

2. 做 架

以上功架擺好後，兩腳尖微內扣成內八字形，同時轉動兩手，使兩手手指似彎非彎，似夾非夾，兩手十指相對，左右手的手心斜照丹田處，形成環抱丹田狀。

兩手與丹田之間有一個大氣團狀，兩手與丹田構成3個力點的合抱之勢，兩手用力不能緊也不能鬆，一緊氣團就會爆開，一鬆氣團就會掉落下來，如此細心呵護如龍養珠。呼吸自然，全身放鬆。（圖3-59）

【意念】

意想兩手環抱氣團中的真氣化作一粒一粒滾動著的小滾珠源源不斷地從兩個手臂經胸腔到達下丹田，丹田之氣越聚越多，彙聚成一個很大的大氣團，小腹徐徐向外鼓起。

如此行功5～10分鐘便可接做下式。

圖3-59

八、神闕命門呼吸大法

1. 擺架

兩腳自然分開，或右腳在
左腳前方，意守丹田，兩手於
丹田處結子午訣手印（女子右
陽左陰，男子相反）。右手拇
指和中指指尖相抵成圈，左手
大拇指插入圈中抵住右手無名
指根，左手四指握住右手無名
指外側（握住小指亦可），雙
手置於神闕上方。（圖3-60）

圖3-60

2. 做 架

以上擺架動作不變，進行命門呼吸，呼吸方式
為鼻吸鼻呼。吸氣入丹田，腹內收，丹田的金球濃
縮入命門。注意腹部微內收，可用右手拇指往裡頂
神闕穴。先從1默數到9，一共數9×9次（隨練習
時間加長，吸氣也隨之加長，默數的節奏也可放
慢）。呼氣，金球從命門落入丹田，腹部外鼓，先

從1默數到6，一共數6×6次。

練習次數：9次呼吸為1輪，9×1至9×4皆可。

九、帶脈行氣大法

帶脈，起於季肋，斜向下行到帶脈穴、五樞穴、維道穴，約束衝、任、督三脈，橫行腰腹，繞身一周。

1. 擺 架

兩腳分開與肩同寬，微屈膝，高馬步站立，沉肩垂肘，左右手於身前保持勞宮穴上下相照。（圖3-61）

圖3-61

2. 做 架

擺架做好後，兩手掌心保持相照，沿兩胯做「∞」字運行。兩手先由身前向左側遠離身體畫半圓運動，後由身體左側貼近腰胯畫半圓運動至身前，此為「∞」字左半部分；然後兩手繼續由身前向右側遠離身體畫半圓運動，再由身

體右側貼近腰胯畫半圓運動至身前，此為「∞」字右半部分。（圖3-62～圖3-64）

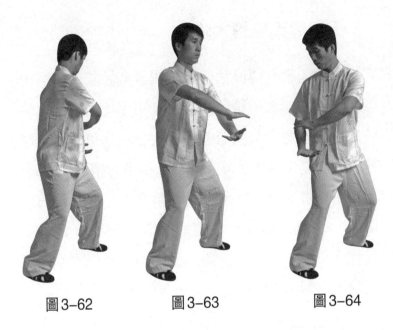

圖3-62　　　　　圖3-63　　　　　圖3-64

第一層境界：內氣隨兩手運動於體內呈「∞」字運行，貫穿命門和丹田。體外循環36遍，再體內循環36遍。

第二層境界：兩個內腎和兩個外腎在脊柱統領下反覆開合，脊柱為宇宙之中心，混元氣被攪動彌漫於身體周圍，感覺行氣時有阻力。

最高境界：進入恬淡虛無的無極狀態。

三豐祖師曰：初學者和功夫高深者皆可操練。

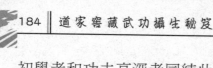

初學者和功夫高深者同練此樁時，雖然外在姿勢沒什麼大的不同，但內在的境界則會有「天壤之別」。

十、周天自轉大法

本功法是一種快速聚氣的開放型妙法。借宇宙氣通周天，無需「積氣衝關」，可用此法在很短的時間內，使體內真氣聚滿，行之日久自可「周天自轉」時時刻刻、永不停息的採聚宇宙的能量。

本功法修煉，精氣不沿任督而行，而以丹田為中心，引氣旋轉。此者道家謂之「周天」是也。《性命歸旨》曰：「全陽子云：與日月而周回，同天河而輪轉，轉轉無窮，壽命無極。」

1. 擺 架

接上式。兩手慢慢聚合在一起形成左手在裡，右手在外，左手內勞宮穴對於下丹田，右手內勞宮對於左手外勞宮穴，兩手距離10公分左右，左手距下丹田也是10公分左右。在做這個動作的時候意想兩手之間的大氣團一分為二，分別吸在兩手之上，在此便形成了三元相應的姿勢，即丹田裡的氣團和兩手上的氣團構成了3個相互對應的氣團。保持姿

勢不動，靜立1分鐘。（圖3-65）

2. 做架

圖3-65

　　然後兩手帶動三元，按照口訣排列的順序依次轉動，轉動的順序為先逆時針轉動36圈，後順時針轉動36圈。兩手先自丹田左下方向左上方移動，再由右上方向右下方移動，最後又至丹田左下方，反覆旋轉。此為逆時針方向旋轉，氣團一圈一圈的由小到大，氣團在小腹內旋轉三圈後就旋轉出身體，並繼續旋轉，越旋轉越大，越旋轉越遠，當旋轉至36圈時已將氣團旋轉至宇宙的邊緣。如此逆時針旋轉36圈後身體靜止不動，全身放鬆，把自己置於宇宙之間，觀想自己在朦朧宇宙真氣之中，默想我在氣中，氣在我中，天人合一，氣為我用。

　　細細體會兩手之間和丹田裡的氣感1～2分鐘，然後兩手先自丹田右下方向右上方移動，再由左上方向左下方移動，最後又至丹田右下方，反覆旋轉。此為順時針方向旋轉，氣團由宇宙的邊緣逆時

針由大到小的向裡轉，慢慢的，一圈一圈越旋越近，當旋轉到36圈時，氣團又旋回到丹田內（圖3-66）。

此時身體靜止不動，全身放鬆，觀想自己在朦朧宇宙真氣之中，意想宇宙的真氣、能量都被你調過來，向畫圈的中心點小腹處聚集，細細體會兩手之間和丹田裡的氣感1～2分鐘。

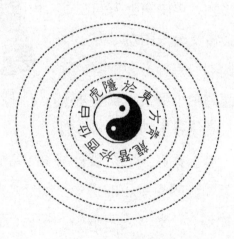

圖3-66

【口訣】

逆時針旋轉時由中而達外，由小而至大，口中默念12字訣，曰：「白虎隱於東方，青龍潛於酉位」，一句一圈，數至36遍而止。及至收回，順時針旋轉從外而旋內，由大而至小，亦念口訣：「青

龍潛於酉位,白虎隱於東方」,一句一圈,數至36遍復歸太極而止,是為一周天也。修煉此法,始則有意,終於無意。起初用意引氣旋轉,久則不必用意,自然璇璣不停,周天自轉,不煉自煉也。

【原理】

宇宙間的真氣,在正常的情況下相對平靜。當你用手掌對著自己做環形運動時,周圍的氣均被手掌攪動起來,在手掌畫圈的中心點,產生最大的向心力和壓力。宇宙間的真氣、能量向這一點聚集,即使是手掌不做畫圈運動,周圍的氣在一段時間內,仍然向原中心點聚集。所以此法可將宇宙間真氣能量在最短的時間內集滿周身。

十一、三火相聚大法

《醫學正傳》說:「夫兩腎固為真元根本,性命之所關,雖為水臟,而實為相火寓乎其中。」三火相聚大法,合心之火氣、膀胱之水氣、腎之相火三者為一,相輔命門之火,鞏固腎間動氣。

1. 擺架

接上式,意想兩手之間的氣團,被兩手統統攝

入體內，聚於下丹田。同時兩手
慢慢相合，右手心抶於左手背之
上，兩掌內外勞宮重疊，左手心
捂於關元穴之上，自然呼吸，溫
養丹田1分鐘。（圖3-67）

2. 做 架

三火相聚之前進行行前四換
息。

換息之後就要接著進行吃

圖3-67

氣，吃氣就是修煉者微微張口，
使上、下嘴唇形成外向型撮合狀並且吸進一口氣，
如同喝水狀（圖3-68）。

吃氣之時要微微提動上腹部位。吃氣完畢立即
鎖唇，即嘴唇合攏（切勿過分緊合）、閉目（定須
自然），萬萬不要讓已經吸入體內的外氣（術語，
即指外界大自然中的氣體）洩露。

吃氣進入口腔之後，立即行咽氣引動君火之
術。咽氣的方式是：牽動喉嚨如同吞咽食物做一次
性下嚥（只可牽動喉嚨一次）（圖3-69）。

同時提肛縮陰囊（搞外腎）引導膀胱氣的民火

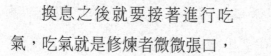

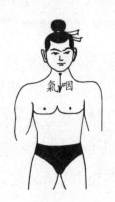

圖3-68　　　　　　　　圖3-69

上升，而後這兩股氣又與腎氣的相火合於兩腎之間
命門穴，腎間動氣名為「命門火」，把引動的君
火、相火、民火聚於命門穴用「命門火」進行調和
（圖3-70）。此時閉住呼吸意想命門穴處有一火

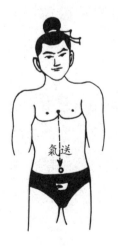
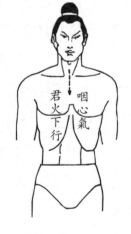

圖3-70

球，全身微微緊繃，稍停片刻用鼻子歎氣一次，隨即放鬆肛門和陰囊（外腎），命門穴處的火球隨即落入丹田之中，然後行後四換息，此為一煉氣。

接著再吃氣一口行二煉氣，如此循環往復共行六煉氣（如此行功每月以六煉氣之倍數相加，但最多不可超過三十六煉氣）。

【原理】

關於「三火相聚」的功法，精為民火，氣為相火，神為君火，是透過咽心氣，引導心氣的君火下降。又由搯外腎引導膀胱氣的民火上升，而後這兩股氣又與腎氣的相火合於兩腎之間，腎間動氣名為「命門火」。因為腎為水臟，所以命門火就是「坎」卦陰爻中的陽，乃先天的真陽，稱為「元陽」，它是人體生命關鍵的能量。

這個先天真陽的命門火與後天的胃氣相接，人體生命才能生生不息，因此它又稱為相火之主。相火是整個人體的生化基礎，具有溫化腎水、蒸蘊脾胃、發揮臟腑經絡的功能；又是運化水穀、輸布轉化氣血津液的動力；又有納氣的作用，與呼吸系統的功能密切相關。

因此透過「三火相聚大法」，把心、膀胱、腎

三股氣流，即將君、民、相火合三為一地去輔助命門火。得到輔助的命門火去蒸蘊脾胃，脾氣充實肌肉，胃氣滋潤皮膚，因而致使肌膚充悅；得到輔助的命門火去溫化腎水，腎氣存於丹田，因而致使丹田溫暖；得到輔助的命門火又去輸布轉化氣血津液，氣血津液的旺盛通暢，致使精神清爽、四肢輕健、小便減省；得到輔助的命門火還能促使臟腑經絡發揮作用。因而致使痼疾宿病得以消除。

　　總而言之，由於心的火氣和膀胱的水氣相聚，又與水火之髒的腎氣合二為一的輔助命門火；輔助命門火的水火之氣，又經由三焦散佈到各個臟腑經絡。經過這樣的「聚散水火」，就可以使因身體虛弱、久病不愈、勞損過度、下元虧虛、年老氣衰、精氣不足所導致腎陽虧虛而形成的各種症狀，都得到應有的改善。

　　有些練功者腎臟虛虧、命門火衰、真元不聚，故而初練之時沒有什麼功效，不過只要堅持長期練習自然會修復虧損的真元、達到「兩腎如煎湯」命門火旺的效果，練功者也可以服用「人元金丹藥漿」以輔助「命門真火」的產生，為早日結成「赤丹」打下基礎。

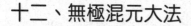

十二、無極混元大法

相傳無極樁功是道祖老子所傳（與盤古樁、太極樁共稱三大古老樁法），經尹真人而留於武當，是武當密傳丹法的入門樁功，是一個大周天功，它的內氣在體內的運行方式是：營氣運行十二經絡，衛氣運行肌肉、筋膜；充元炁於經脈，和內勁於筋骨。武術上，練習者練就筋膜騰起、力達四梢、身堅似鐵、密如磐石的六合一體之態。

老子《道德經》曰：「虛其心，實其腹，弱其智，強其骨。」這是站樁功修煉之總法訣。心虛靜，才能將真氣攝取收斂於腹部丹田（實其腹），形成混元炁團，即古人所說的「丹」，三豐祖師曰：「練就丹田混元炁，萬兩黃金不與人。」要淡化後天識神（意識），才能凝煉潛意識，從而開發出元神（現代心理學所說的「元意識」）。

三豐祖師云：「凝神調息，調息凝神，凝神者，收已清之心而入其內也，調息者，調度陰蹻之息，與吾心中之炁，相會於炁穴中也。心止於臍下，曰凝神，炁歸於臍下，曰調息，神息相依。守其清靜自然。呼吸綿綿，深入丹田。使呼吸為夫

婦，神炁為子母。子母夫婦，聚而不離，故心不外馳，意不外想，神不外遊，精不妄動，常薰蒸於四肢，此金丹大道之正宗也。」

無極樁功訣：兩目平視注遠方，凝神片刻返神光，意領炁從祖竅降，一下湧來四梢暢。

1. 擺 架

身體自然站直，兩腳橫開與肩同寬，十趾微抓地，後腳跟似虛非虛。腿微屈膝成150°，兩手環抱，掌心斜向下。頭正身直，二目垂簾前下方。從頭到腳進行放鬆。（圖3-71）

2. 做 架

圖3-71

兩手抱球，依次置於關元前（下丹田）、膻中前（中丹田）、祖竅前（上丹田），兩手神光照著丹田。

(1)下丹田混元樁

雙手勞宮置於腹前罩住下丹田（神闕），虛領頂勁、含胸拔背、沉肩垂肘、坐胯圓襠、舌抵上

齦。吸氣腹部微鼓，呼氣腹部微收。（圖3-72）

【意念】

頭頂懸，但百會意念下凹，五心與周身採天地之精氣，於丹田膨縮運化，吸膨呼縮，混元氣團收斂運化，密度越來越大。吸氣入下丹田（鼓腹），丹田內球體變大，呼氣時金黃色的丹田之氣凝聚濃縮成小金球，腹部微收。最後要忘記身體，無物無我，僅存丹田在膨縮運化。

圖3-72

形正則氣順，氣順則神領。尋找腳底下湧泉穴至環跳穴之間的那一條修線，這條線有一種酸酸游走的感覺，重心在湧泉，全身有矛盾爭力。身體與茫茫宇宙渾然為一體，進入「海闊天空隨意遊，無世無我幽超塵」的忘我境界。

隨著火球落入丹田，自然呼吸，排除雜念專心意守丹田處的火球（赤丹），抱元守一、溫養丹田30分鐘，靜待丹田自然真火的產生，徵得引氣歸元「丹田無火而熱」不煉自煉的功效。

(2)中丹田混元椿

同下丹田混元椿，只是將關元換作膻中，心法略。（圖3-73）

(3)上丹田混元椿

同下丹田混元椿，只是將關元換作祖竅，心法略。（圖3-74）

圖3-73　　　　　　圖3-74

註：在沒有度師指引下不要輕易行中丹田混元椿及上丹田混元椿功。

在丹田沒有形成丹頭（氣團）之前不准進行下一式「真火運轉大法」的習練，但可直接練習第十四式「玉液還丹」的收功大法。

十三、眞火運轉大法

1. 擺 架

兩手相合，右手心扶於左手背之上，兩掌內外勞宮重疊，左手心捂於關元穴之上，自然呼吸，溫養丹田1分鐘。（圖3-75）

圖3-75

2. 做 架

以意領氣，意念丹田裡的氣團向丹田的中心丹點濃縮成一個火紅的赤陽丹，約一分鐘後，意念這顆「赤陽丹」從丹田的中心——丹點穴下降到會陰穴然後配合吸氣、提肛收腎（內腎、外腎），意想這顆「赤陽丹」經尾閭穴上行至命門穴，當上行到會陰穴相對應的部位時，配合呼氣，放鬆肛門和二腎使「赤陽丹」經肚臍穴下降到會陰穴，然後再吸氣上提，如此循環往復36圈後停止運轉。

意想「赤陽丹」由會陰穴收歸到丹田中心——丹點穴內，意守丹田穴1分鐘。（圖3-76）

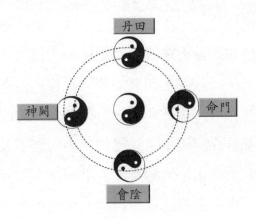

圖3-76

【切記】

在丹田沒有形成桶子丹的「丹頭」（氣團）之前，禁止演練本功法！未形成丹頭之前妄動神念導引真氣運行，猶如無源之水、無根之木，不但毫無意義，反而會傷神耗氣，此即丹道大家常說的「鼎內若無真種子，猶將烈火煮空鐺」。

下丹田：就是正對著肚臍眼內寸許處的內腔，並非誤傳的肚臍眼下一寸三分處，不過在實際練功中，還是根據自己的感覺來，一般是發熱頻繁之處就是下丹田的確切部位。

十四、玉液還丹收功大法

經過前系列行功，口腔中的唾液已經積攢了很

多，這時便可進行玉液還丹。一說「玉液還丹」不少人就會想到是吞唾液，就是把唾液分成三小口吞咽下去，使唾液從人的食道進入胃裡，促進胃對食物的分解吸收，這種所謂的「玉液還丹」的方法對於凡人養身保健確實可以起到不小的作用。但對於丹道的修習，卻恰恰相反。若不知此「玉液還丹」之妙法，則永遠無法得藥結丹。現代很多人都不知道「玉液還丹」的運化妙處，每當口中唾液滿時便會將唾液從食道吞咽下去妄想以承甘露，實在是十分可笑亦可憐，這皆是不得真傳之過也。

須知運行一道，只可引氣入喉。《黃庭經》曰：「服食玄炁以長生，」因此陽火之氣紫黑色，名曰玄氣耳。服食之法，須知心法口訣，方能送入氣管，否則走入食喉，從何處立得丹基？須把這「玉液」送下氣喉，至於玄膺，乃化為甘露之水。《黃庭經》曰：「玄膺炁管受精符」，此之謂也。玄膺名玄雍，又名玄壅，言人之氣到此壅塞也。俗人不知玄妙，待唾液滿口，就想把它化作神水，如吞茶湯一般。恐怕到時氣管進去一滴唾液，便會叫你咳嗽不停。蓋水者有形之物，安能入得氣管？故《黃庭經》曰：「出清入玄二氣煥，子若遇之升天

漢。」猶言清氣處於丹田，玄氣入於玄膺，二氣轉換，始化為液，把它當作藥餌服下，使其灑濯心宮，落入虛無竅內（丹點穴），方得玉液丹頭，此得藥結丹之始也。寶之裕之，是為築基。以後工夫，須要綿綿不絕，根深蒂固，乃盡養丹之妙。

此「玉液還丹」之妙法乃以舌頂上齶（舌頂上齶，是修煉的起碼常識，但其原理無人深究。）人之上齶部位，有兩個小窩，伸進手指可以摸到，道家成為「天池」，此非針灸之位穴，乃屬修煉之關竅。其竅上通泥丸，泥丸即是大腦，為神炁會聚之所，其竅不閉，則漏神漏炁，修煉家言「口開神炁散」，即是此義。故須舌尖反捲，上封此穴，抿口合齒，保養神炁。神炁相抱，則津液易滋，隨口咽下，灌溉五臟，如同嬰兒哺乳之狀。另外，舌頂上齶，還有接通任督二脈的作用，丹道術語稱為「上鵲橋」。還丹之時，大丹亦從此竅降下，倘不接通，則易外漏鼻竅而走失，謂之「玉柱雙垂」，毀人性命，不可不慎。

1. 擺架

接上式。待口中金液滿舌，則牙關緊閉，把兩手從丹田重疊處分開，兩手以掌心內外勞宮部位為

重點，貼靠在腰眼穴（位於命門穴兩側的部位），大拇指朝下，其餘四指相對。（圖3-77）

2. 做架

抬頭面向天空，鼻息忍而不發（即鼻子閉住呼吸），便「嘓」的一聲，「玉液」流入氣管，下降到重樓十二階梯，神水灌注華池（華池者，人多不知。或言舌胎下，或言下丹田，皆非也。此華池在人兩乳中間，名曰上氣海。白玉蟾云：「華池正在氣海內」是也）（圖3-78）。華池水滿，走而不守。繼續下行到絳宮（鳩尾穴），到絳宮後便會感

圖3-77

圖3-78

到心地清涼。最後落於虛無竅內（丹點穴），至此則心火泰定。此之謂抽鉛制汞，牽虎降龍。既未兩卦，周流不息，此即「玉液還丹」之妙法也。

「玉液還丹」之後，頭恢復到正常姿勢，貼靠在腰眼穴的兩手做統一（同時）性的上、下直線摩擦，其一上一下為一遍，共連續性做18遍則拆架，即雙手放下，頭恢復正直。

註：沒有度師指引不要輕易行該步功法。

3. 收 功

拆架之後要做調息。何謂調息？調息者，乃拆架之後所行悠走換息之術是也。

此玉液，不能日日常有，須勤加修習前面的功夫，煉之數次，乃有一次。若做到玉液常來之時，則黃中通理，皮膚潤澤。心君逸閑，性本光明。對境忘情，在欲出欲，隨緣度日，在塵離塵。真意堅牢，劍鋒犀利。圓陀陀，光灼灼，赤灑灑，亮錚錚，此煉已純熟時也。

本功法習練到一定程度就能感受到體內氣息蒸騰，切忌不要隨意張口否則會有「洩氣」之弊端。練功的最終目的就是將這口氣化在體內，其方法

是：練完功不能立刻坐下，要慢慢悠走，轉悠幾圈自然會有薰蒸、淋浴之感，很是神清氣爽，久之心智提高。所以習武要有煉有化，收勢與起勢同樣重要，甚至練完後悠走的時間比煉功的時間還要長。古人常說：「功夫是養出來的不是練出來的。」即是此理。

至此全套「太極引氣歸元混元大法」演練結束。可以繼續進入無極樁或太極樁狀態，以吐故納新，採炁充形，招攝宇宙能量，運行周天（法略）。

十五、道教秘傳人元金丹藥漿

道家著名武林門派內部均有獨門秘傳的練功藥酒，有外用和內服的，但很多在傳承過程中失傳了。以下道教秘傳攝生內丹術，在行功前如能服上「人元金丹藥漿」，則可以事半功倍。

本門藥酒在組方上講究「君臣佐使」配伍，在原料上選用地道中藥材，採用道家傳統炮製方法。從根本上起到培元固本、疏通經絡、養顏駐色、祛病延年之功效。彭祖云「惜精養神，服食眾藥，可以長生」，惜精養神指丹道攝生，服食眾藥即時丹家秘藥。

因此類藥方泡製程式較為嚴謹複雜，不便於初學入門者操作，為安全起見，藥方暫不予公佈。

第四節 運和丹道仙術之坐臥功

一、太極盤古坐功

王重陽《坐忘論》

常默元炁不傷，少思慧燭內光。

不怒百神和暢，不惱心地清涼。

不求無諂無媚，不執可圓可方。

不貪便是富貴，不苟何懼君王。

味絕靈泉自降，炁定真息日長。

觸則形斃神遊，想則夢離屍僵。

氣漏形歸壟上，念漏神趨死鄉。

心死方得神活，魄滅然後魂強。

博物難窮妙理，應化不離真常。

至精潛於恍惚，大象混於渺茫。

道化有如物化，鬼神莫測行藏。

不飲不食不寐，是謂真人坐忘。

《張三豐太極煉丹秘
訣》：「大凡打坐，須將神
抱住炁，意繫住息，在丹田
中，宛轉悠揚，聚而不散，
則內藏之炁，與外來之炁，
交結於丹田日充月盛，達乎
四肢，流乎百脈，撞開夾脊
雙關，而上游於泥丸，旋復
降下絳宮，而下丹田，神炁

圖3-79

相守，息息相依，河車之路通矣。功夫到此，築基
之效已得一半，總是要勤虛煉耳。」（圖3-79）

1. 盤古周天自轉功

盤古周天自轉功效：是一種快速聚氣的開放型
妙法。借宇宙氣通周天，無需「積氣衝關」，可在
短時間內，使體內真氣聚滿，行之日久自可「周天
自轉」時時刻刻、永不停息地採聚宇宙的能量。本
功法運煉，精炁不沿任督而行，以丹田為中心，引
氣旋轉。此者道家謂之「周天」是也。《性命歸
旨》曰：「全陽子云：與日月而周回，同天河而輪
轉，轉轉無窮，壽命無極。」

修煉此法，始則有意，終於無意。久則不必用意，自然璇璣不停，周天自轉，不煉自煉也。

行功前盤坐默念放鬆箴言3遍。

正氣真言：浩然正氣，萬古長存。

淨口真言：修利修利、摩坷修利修修利，薩婆坷。

淨身真言：修多利，修多利，修摩利，薩婆坷。

手印：雙手結子午太極印（圖3-80）或結三昧手印於關元穴。（圖3-81）

圖3-80　　　　　　　圖3-81

【功架要領】

調息：鼻吸口呼吐故納新3口。

調意：收心止念入定，恬淡虛無，凝神觀守鼻

尖，返觀回視（內視），知白守黑（海底會陰）。

調形：搭上鵲橋，鼻尖與會陰成一直線。雙盤後雙手大拇指按湧泉，腎氣足則骨柔。腳大拇指上翹則幫助消除久坐腳麻。

【持咒口訣】

逆時針：白虎隱於東方，青龍潛於西位。

順時針：青龍潛於西位，白虎隱於東方。

周天自轉：用意引氣旋轉，先逆時針轉動，由中而達外，由小而至大，口中默念12字訣，曰：「白虎隱於東方、青龍潛於西位」，一句一圈，數至36遍而止；後順時針轉動，及至收回，從外而旋內，從大而至小，亦念口訣：「青龍潛於酉位、白虎隱於東方」亦數36遍，復歸太極而止，是為一周天也。

2. 七星行穴胎息大法

此胎息法係七星行穴修仙法訣系列丹法之一，講究姿勢、手印、咒語和星穴相應天人合一的修行方式。由有為的意守、存想、念咒，到無為的先天空靈之後，再自虛無中攝先天一炁，注入色身，五行循環，周天運轉，凝成胎息結成內丹，人有內丹

自然百病不侵、壽命長久、身輕如葉、通身有眼、不出戶而知天下事。此內丹凝結，六通自現之理。但各種特異神通，因人而異，不必執意強求，身心健康、壽命長久足矣，萬般神通皆小術，唯有長生是正道。

各位道友如修得神通，應小心謹用，或慧而不用，久久蓄藏，神圮內發，煉形合道與虛空同體。超出三界，永脫輪迴，由長生而入無生，證大覺金仙方為了當，詩曰：養得金丹圓似月，有圓未免還有缺，不如煉個太陽紅，三界十方盡照徹。

所結手印為真空大手印，相傳源於印度，由西竺心宗一百代傳人雞足道者傳入中土，雞足道者因慕道家，拜全真龍門第七代宗師王常月為師，是為龍門第八代，並賜名王守中，自此，雞足道者開創了全真龍門分支龍門西竺心宗。

真空大手印功效不凡。佛家密宗稱五指為地、水、火、風、空，兩手五指用不同方式相接就會產生不同能量，真空大手印亦是如此。在密宗中，小指代表地，無名指代表水，中指代表火，食指代表風，大拇指代表空。地、水、火、風佛家稱為四大，是構成人體和宇宙的基本元素。道家成為五

行，即金木水火土。

真空大手印講地、水、火、風、空相接，即地（小指）與風（食指）相接，風與地相接則呼吸止，呈現真空狀態。水（無名指）與火（中指）相接，人體內水火相交，煉形化炁。透過真意導引此氣穿筋透骨，打通脊椎（中脈）開通天門，三田返復，中黃直透，全身無處不到。通周天、通中脈、開天門，用此印立竿見影。

(1)真空大手印盤坐法

自然盤坐，左手在下，手心朝上，右手在上，手心朝下，右手食指、中指、無名指、小指放於左手小指、無名指、中指、食指上（圖3-82），或兩手屈勾握拳放於腹前。（圖3-83）

圖3-82　　　　　　圖3-83

(2)七星行穴胎息大法

上部：自然盤坐，結真空手印，意守百會，念七星神咒，時間5～10分鐘，接著，停止念咒，冥想全身從頭至足變成又鬆又軟的棉絮。次序：先鬆頭部，再依次是胸部、腹部、大腿、小腿、腳趾，再從腳趾、小腿、大腿、尾閭、命門、夾背、玉枕鬆回到百會，再從頭鬆到足，再從足鬆到尾閭接著修下部。

下部：意守尾閭念七星神咒、行七星五行周天、凝胎息，結內丹，姿勢不變。（圖3-84）

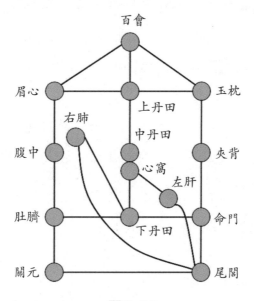

圖3-84

七星行穴胎息大法念咒行功次序：

尾閭（七星神咒3遍）─關元─肚臍─命門─夾背─玉枕─眉心─玉枕─夾背─命門─下丹田─右肺─尾閭─左肝─心窩─下丹田─肚臍─關元─尾閭─命門─夾背─玉枕─百會─眉心─膻中─肚臍─關元─尾閭─命門─夾背─玉枕─百會─上丹田─中丹田─（每個部位均念七星神咒1遍）─下丹田（念七星神咒7遍），停止念咒，意守丹田，此時丹田能量場已形成，用鼻深吸一口氣，閉氣，閉不住時，將氣從鼻孔中輕輕放出，再吸再閉，反覆3次，收功時意守下丹田3分鐘即可搓手搓臉坐下休息。久久練習外呼吸漸止，胎息成，內丹凝結，內外相通肉身氣化形神俱妙，得道飛升。

七星神咒：

能使六丁、出幽入冥、亦無所畏、亦無所驚、千年不動、萬載不傾、今日禹步、上應天庭、下應地理、道德長生、急急如律攝令。

3. 五行轉運攝生駐顏大法

於靜室中，自然盤坐，結真空大手印。將梵文「顏」字放於兩腿前面虛空處，雙目凝神觀看1分

鐘後，將梵文「顏」字移入中土（臍內三寸）部
位，靜觀1分鐘後，將梵文「顏」字移入西金（右
肺）部位，靜觀1分鐘後，將梵文「顏」字移入北
水部位（尾閭），靜觀1分鐘後，將梵文「顏」字
移入東木（左乳穴下內二寸）部位，靜觀1分鐘
後，將梵文「顏」字移入南火（心窩內一寸）部
位，靜觀1分鐘後，將梵文「顏」字移入中土（臍
內三寸）部位，靜觀3分鐘，下座休息，功畢。
（圖3-85）

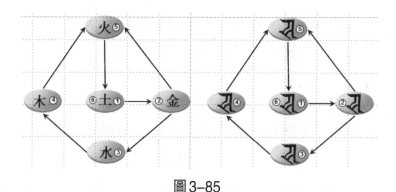

圖3-85

每天行功1～2次，時間以晚21：00～24：00
前、早5：00～7：00前為宜。

【功理】

心屬火，心入丹田是火生土、土生金、金生
水、水生木、木生火，火入丹田，生金，如此金木

水火土五行循環，五臟氣液相生，元炁內滿五臟，外潤肌膚，自然攝生駐顏，功效甚宏。梵文每個字都有不同功效，真空大印法力無邊。

五行轉運化煞大法，獨一無二的手印，梵天種字，五行相生為一爐，係歷代祖師智慧的結晶，珍之惜之勤加修習。

全真派六部金丹秘訣因考慮門規戒律，恕不予公開，仙道只度「法財侶地」皆備、順天行道、有道緣之人。

二、運和丹道之蟄龍仙睡胎息大法

《胎息經》有云：「胎者胎其神，息者息其氣。胎字是指神之泰定，不動不搖，不憂不懼，不思不想，如嬰孩之處母腹。息字是指粗氣絕滅，外氣不行，氣即不行，自然百脈沖和，一片光明。氣猶水也，神猶月也，月動由於水漾，神搖由於氣牽。水澄則月明，氣定則神慧，神氣相抱，達於大定而內丹自成，故曰『胎息』。」

胎從伏氣中結，氣從有胎中息。氣入身來謂之生，神去離形謂之死。知神氣可以長生，固守虛無，以養神氣。神行即氣行，神住即氣住。若欲長

生，神氣相注，心不動念，無來無去，不出不入，自然常住，勤而行之，是真道路。

1. 胎息概要

胎息法亦稱先天真息或龜息。它的本意是胎兒在母腹中的呼吸，引申意是以肚臍為中心的高層次的內呼吸，它是先天呼吸，如同胎兒在母腹中呼吸一樣。人本來就是有這種先天的狀態，但在臍帶切斷後即告結束。胎息自成系統，不受肺呼吸的影響，剛進入胎息時，口鼻呼吸似有似無，功夫加深後，可以達到口鼻呼吸停止。

一旦胎息啟動，人體的生命能量就進入了以先天元炁運作為主的先天狀態，這正是胎兒在母體時的自然有序、健康、本源的生理狀態。由於胎息的啟動引發人體先天元炁的補充與再生，推動奇經八脈運動，八脈帶動臟腑、十二正脈，形成人體的先天生命狀態。

一旦胎息啟動，就好像在體內建了一個全能的保險裝置。體內一旦陰陽失調，它就會自動調節。如體內需要能量，胎息就會自動啟動，補充人體先後天能量，主動為修煉者工作。常在人體最疲倦，

最需要的情況下發揮作用。

胎息是各種疑難雜症的剋星，啟動胎息後，人體的疾病會慢慢地不藥而癒。在胎息過程中，人的面部皮膚能得到改善，變的細膩紅潤有光澤，這是任何美容技術都無法達到的效果，原因是胎息使內分泌旺盛，而男性老年人還會出現每日清晨無欲而剛的陽舉，臉上皮膚變緊，紅潤年輕，老年斑祛除。只有達到胎息，才能開發人體潛能，自我創造生命能量，支撐肉體生命的常存不壞。

進入胎息，是通往生命至高境界的必然之路。在上乘修煉中，胎息的另一個作用是「胎息養胎神」，沒有啟動胎息，陽神就沒法孕育生成。

2. 胎息的啓動方法

(1)閉氣胎息

幻真先生在《幻真先生服內元炁訣》中說：「忽有修養乖宜，偶生疾患，宜速於密室。依服氣法，布手足訖，則調氣咽之，念所苦之處，閉氣以意想注，以意攻之，氣極則吐之……」趙台鼎在《脈望》中說：「鼻為天竅，通肺，肺主魄，湛然不動，絕來去之息，謂之閉關。」陶弘景在《養性

延命‧服氣療病》中說：「常以生氣時正偃臥，瞑目握固，閉氣不息，於心中數至二百，乃口吐氣出之，曰增息。如此，身神俱，五臟安。能閉氣二百五十息，華蓋明，華蓋明則耳聰目明，舉身無病，邪不干人也。」

孫思邈在《千金藥方》中說：「閉氣於胸膈中，以鴻毛著鼻上而不動，經三百息，耳無所聞，目無所見，心無所思，如此則寒暑不能侵，蜂蠆（彳ㄞ）不能毒，壽三百六十歲。此鄰於真人也。」

閉氣胎息啟動法：姿勢要求仰臥，手腳很自然地隨意放置。

啟動方法：

①稍微吸一點氣後閉氣不出。（千萬不能吸氣太多，否則不易引動胎息。）靜靜地等待，先天元炁激蕩產生的以肚臍為中心的腹部起伏跳動。閉氣的時間根據自己的身體情況量力而行。憋不住時就呼氣。閉氣胎息法往往在感到「快憋死了」的時候，人體後天能量供應系統暫停工作，處於生理的需要，閒置的先天能量系統馬上啟動，代替人體後天能量供應系統向人體供應能量，以先天補後天。以肚臍為中心的腹部忽然起伏跳動起來，並且力量

很大。此時胎息就已經啟動了，啟動胎息後採用自然呼吸，意識只要感知著腹部的起伏跳動。就可以了，千萬不能加什麼意念或動作，靜靜地躺著，讓腹部順其自然的起伏跳動。

②稍微吸氣後閉氣不出，用力收腹，把腹部儘量收縮凹陷，然後再用力鼓腹，使腹部快速凹凸起伏，直至憋不住呼氣時為止。隨著閉氣時間的延長，胎息會自動地顯現。

③稍微吸氣後閉氣不出，腹部微微向上隆起，並盡可能地保持這種狀態，注意腹部千萬不要用力，隨著閉氣時間的延長，胎息就會自動地顯現。

④稍微吸氣後閉氣不出，腹部微微向下凹陷，盡可能地保持這種狀態，注意腹部千萬不要用力。隨著閉氣時間的延長，胎息就會自動地顯現。

⑤此方法是古人在閉氣的基礎上增加了觀想的內容。先仰臥而靜心，待出息盡，即可閉息。其法宜緩，從容心靜。此法可存想，人體八萬四千毛孔皆通虛空，以周身毫竅毛孔呼吸漸至胎息，胎息生，則口鼻之息自閉。五百息能閉之而內景觀，閉之千息可易肉、換骨、煉髓。此方法閉之千息，非啟動胎息不可。常人每分鐘呼吸十幾次，按每分鐘

呼吸15次算，閉之千息，約閉氣1小時，河間五虎門的高手們僅閉氣7～8分鐘而已，很少有人能達到10分鐘，不啟動胎息，閉氣1小時是不可能的。

(2)術法胎息

術即方法。術法胎息即採用一定的方法來引動胎息。術法胎息，與閉氣胎息最大的區別是：術法胎息不用長時間閉氣也可引動胎息，不用忍受快憋死了的感覺。

術法胎息的練功姿勢可參閱閉氣胎息。

①用逆腹式呼吸進行吸氣，當吸氣至腹部收縮到極點，停止吸氣，閉氣保持腹部收縮到極點的狀態。當略感憋悶，想呼氣時，閉嘴用鼻，開始呼氣用鼻連續發「哼」字聲。每發一個「哼」字聲，以肚臍為中心的腹部起伏1次。「哼」字的發聲越短促越好。發「哼」字聲時腹部向外彈出，發聲結束時腹部收縮。注意發聲時喉部不要用力，腹部外彈時，會感到有一股氣沉入腹部。如此重複練習。一般練習幾分鐘即可啟動胎息。一次呼後可發「哼」字聲10次以上。

②用逆腹式呼吸進行吸氣，當吸氣至腹部收縮到極點，停止吸氣，閉氣保持腹部收縮到極點的狀

態。當略感憋悶，想呼氣時，用鼻向外做短促的噴氣，越短促越好，一次呼氣可連續噴氣10次以上。每次噴氣開始時，以肚臍為中心的腹部向外彈出，噴氣結束時馬上短暫閉氣，收縮腹部。每次噴氣時會感到一股氣沉入腹部。如此重複練習。一般練習幾分鐘就可引動胎息。

收功：收功對於胎息修煉者來說是必不可少的步驟。在腹部停止起伏跳動後，意守肚臍與命門連線的中點3分鐘，然後用手乾梳頭，擦臉，搓兩耳，起身從頭到腳全身拍打一遍，收功完畢，以下的上清蟄龍仙睡胎息大法的收功與此相同，不再贅述。

在啟動胎息之前，每天早晚行功兩次，第次行功時間30分鐘即可。啟動胎息後，就可以進行上清蟄龍仙睡胎息大法的修煉。

3. 上清蟄龍仙睡胎息大法

(1)上清蟄龍仙睡胎息大法指歸

《悟真篇》中說：「其中簡易無多語，只是教人煉鉛汞。」「除卻鉛汞兩味藥，其他都是誑愚迷。」汞即元神，鉛乃先天一炁。鉛有內外之分，外鉛指

虛空中的先天一炁，內鉛指體內的先天元炁，當後天呼吸轉為胎息，先天元炁在肚臍內凝結成團，沉甸甸地像鉛，故名得鉛。

張三豐祖師說：「在虛無中，塵色內，將我被天地人物所奪盜去的元炁，重新盜回我身。」

上清蟄龍仙睡胎息大法的法訣印是：法：放鬆肚臍。訣：凝神入炁穴。印：是身印，不像一般門派的印是手印。

【法訣】

白玉蟾曰：「昔日遇師真口訣，只要凝神入炁穴。」

上清蟄龍仙睡胎息大法的修煉法訣就是「凝神入神闕（肚臍）」，當你修煉到胎息啟動後，炁穴要改成肚臍前虛空徑圓一寸，更多地招攝先天一炁，補充肉體的虧損，閉氣胎息和術法胎息只能啟動人體內的先天元炁再生系統，並不能招攝先天一炁。

【身印】

即練習上清蟄龍仙睡胎息大法的姿勢。身體很自然地臥在地上，頭枕一個矮一些的枕頭。微屈膝，兩膝自然外擺。兩腳跟相對緊貼在一起，兩前

腳掌分開，成八字型，保持兩腳跟緊貼在一起不要
分開，兩腿下伸，兩腳離會陰穴越遠越好。兩掌心
向下，放於肚臍處。兩掌心的勞宮穴正對著肚臍
眼。姿勢擺好後，即結成上清蟄龍仙睡胎息大法的
身印（圖3-86）。兩手略用力壓肚臍處，即可感到
肚臍處在微微跳動，保持此狀態。

圖3-86

一開始練功，假如按道法自然的姿勢練功是很
難入門的。在入門之後，如果拘泥於一定姿勢練
功，無法做到行、住、坐、臥時時刻刻都在練功。

（2）上清蟄龍仙睡胎息大法之胎息啟動方法

人之左眼為日，右眼為月，雙眉之間的天目穴
為日月合璧之處。閉目把左右兩眼目光凝聚於天目
穴，然後注視肚臍。兩耳內聽肚臍，意識放鬆肚臍
部位。素質好的習練者當時即可感到肚臍跳動。肚
臍不馬上跳動，也不要緊張，說明你肚臍部位處於
緊張狀態，繼續放鬆肚臍部位，肚臍部位真正放鬆

了，馬上就會產生跳動。

上清蟄龍仙睡胎息大法是在放鬆的狀態下啟動胎息，而閉氣胎息和術法胎息則是在腹部緊張的狀態下啟動胎息的。閉氣胎息和術法胎息啟動胎息後，腹部起伏跳動如暴風驟雨般激烈。上清蟄龍仙睡胎息大法啟動胎息後，腹部起伏跳動如微風細雨般平和。

當胎息初步啟動後，肚臍部位不論是否起伏跳動，你只需兩眼內視肚臍、兩耳內聽肚臍、意識放鬆肚臍即可，腹部會漸漸出現一股暖流，越來越熱，丹田火熾，兩腎似湯煎。

道家講：「行、住、坐、臥不離這個」，「這個」是指行功，是指在一天之中，不論行、住、坐、臥任何時候都要放鬆肚臍，體會肚臍的跳動，練功生活化，一舉一動都在練功。

【注意】

蟄龍仙睡大法與上清蟄龍仙睡胎息大法不同之處在於蟄龍仙睡大法採用吉祥臥，左手在內，右手在外抱於關元（非神闕，否則容易走丹、漏丹），晚修煉精化炁，早修煉炁化神。本書將不再贅述。

第五節　千古武林絕學之吸陰神掌

一、行功寄語

吸陰神掌（又稱吸陰魔掌），屬武當派道家內功絕學殘陽秘笈十大奇功之一。此技至純、至密，可謂是：神奇而真實，高絕又可攀也。習修者若有度師指點，行之得法，按照運和丹道修證次第修煉，配合運和丹道人元金丹藥漿助功，快則不足一年時間，即能功夫上身。筆者借此拋棄隱仙門派之見，奉獻此千古絕技，旨在弘揚華夏精粹，振奮民族精神，使有緣、有志者得以共同研習，使消失已久的優秀功法重現江湖，那將是吾之幸，民之幸，武林之幸也！

二、行功秘法

主要吐納方法：腹式、逆腹式呼吸。

1. 引氣歸田

自然盤坐於棉墊上。上身正直、放鬆。虛靈頂勁，舌抵上齶，嘴虛合，雙眼微閉，內視下丹田，

雙手結三昧手印捧於下丹田處，掌心朝上，自然呼吸，摒除雜念，調息3～5分鐘，（圖3-87）。接著用鼻吸氣，雙手沿身體中線（即任脈）慢慢上捧至中丹田（膻中穴）處（圖3-88），變手指朝前，慢慢向前插，至雙臂伸直時（圖3-89），變掌心朝下，掌心含空，十指微扣（圖3-90），慢慢呼氣，

圖3-87

圖3-88

圖3-89

圖3-90

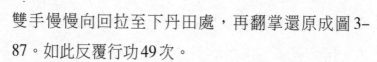

雙手慢慢向回拉至下丹田處，再翻掌還原成圖3-87。如此反覆行功49次。

【注意】

當雙手上捧時，意念將大地之精氣（陰氣）由會陰穴吸入，順身體中軸至中丹田會聚，同時小腹內收，當雙手向前插時，意念中丹田精氣順雙臂內聚至雙手十指尖，當雙手翻掌往回拉時，意念日月精氣由兩內勞宮穴吸入，順手三陰經經中丹田吸收至下丹田聚集，同時小腹有意鼓脹。

2. 日月合輝

所有姿式同引氣歸田，唯雙手各捧一個小石球（或泥球）（圖3-91）。當雙手上捧石球至中丹田時，用鼻緩緩吸氣，意念將地氣由會陰穴吸入，順任脈上行至中丹田，同時收小腹（圖3-92）。

當雙手前插時，意念中丹田之精氣沿手三陰經充運於勞宮穴，並意念兩股內氣將雙手所捧之石球衝頂而起，離手飄浮（圖3-93）。

當雙手翻掌回拉時（圖3-94），緩緩呼氣，意念左手石球是太陽，右手石球為月亮，分別由左右手勞宮穴吸入，順手三陰經至中丹田，再彙聚於下

圖3-91

圖3-92

圖3-93

圖3-94

丹田（圖3-92）。如此反覆行功49遍。

3. 靈氣沖天

高馬步站立，兩腳距離略寬於肩，上身正直，
虛領頂勁，舌抵上齶，雙眼怒視前方天際邊，雙手

左右平展，並各托一小石球；雙腳十趾緊緊抓地，湧泉穴含空不動（圖3-95）。接著用鼻吸氣（要求一口氣分7次快速吸完，且每次須節奏分明。每吸1次，下丹田鼓脹1次，吸7次。下丹田鼓7次，並且在原有鼓脹的基礎上小腹逐漸鼓大）；同時，意念大地精氣由雙腳湧泉穴吸入，分7次貫充於下丹田。然後，用嘴快速呼氣，並發「嗨」字聲音，小腹還原，意念內氣隨發「嗨」字聲快速由雙手勞宮穴衝出，並將石球頂起。接著再吸，如此反覆行功49遍（吸7次，呼1次，為1遍）。

圖3-95

4. 恨天入地

高馬步站立，上身正直，雙腳十趾緊緊抓地，

雙手抓球左右平展成定式不動，雙眼怒視天邊（圖
3-96）。接著吸氣（吸氣方法同上），意念每吸1
次，雙手所抓石球（意想為氣團），吸入下丹田1
次，連吸氣7次，共抓進氣團14個，小腹鼓脹7
次，然後用嘴快速呼氣，並發「嗨」音，小腹還
原，意念14個氣團（石球）分成兩大氣團，分別由
雙腳湧泉穴快速有力地噴射入地下。

如此反覆行功49遍。

圖3-96

5. 巧渡陰陽（分左右兩式）

接上式。變高馬步為左跪步，上身正直，雙手
抓球與肩平齊，眼微閉成定勢不動。自然呼吸（圖
3-97）。然後意念宇宙精氣從頭頂百會穴吸入，沿

圖3-97　　　　　　　　圖3-98

身體中脈由右腳湧泉穴射入地下，由地下穿過後，再連同地氣合一從百會穴吸入，如此大循環49圈。

【注意】

意念必須全部集中於天地精氣的循環，達到忘我之態，應忘掉雙手抓球之感，但所抓之球又不能掉落。49圈循環後，變左跪步為右跪步，姿勢、要領、意念相同，唯將左右對換即可（圖3-98），循環圈數同為49次。

6. 抱元歸一

高馬步站立，上身正直，虛靈頂勁，舌抵上齶，嘴虛合，眼微閉，自然呼吸，雙手抱球成定勢（圖3-99）。接著雙手緩慢運球，順序為上下、左右、

圖3-99

圖3-100

圖3-101

前後不停地勻速轉動，抱球的力量應恰到好處，儘量要輕，切勿用蠻勁。（圖3-100、圖3-101）

【意念】

雙手抱揉的是氣球，既不可用力過大使之破碎，又不能使之掉下來，同時，隨揉動而越來越長，越來越輕，直至充滿整個宇宙。雙手與球之間，須有牢牢吸附和粘黏的意識。如此行功30分鐘即可。

7. 雙龍戲珠

將裝滿水的盆中置一小木球（質疏量輕），要求盆高齊於神闕。然後高馬步立於盆前，雙手掌心

朝下，手指朝前，伸蓋於木球上
方10～20公分處（圖3-102）。
然後，用鼻緩緩吸氣，雙手慢慢
上提，吸氣時下丹田儘量鼓脹；
同時，意念具有的強大磁力將小
球牢牢吸附起來，隨雙手上提而
飄離水面；當雙手提至與膻中平
時（圖3-103、圖3-104），用
鼻呼氣，意念小球掉落水中。如
此反覆行功49次。

圖3-102

圖3-103

圖3-104

8. 移山塡海

去掉水盆，將小球置於檯面上，雙手平伸於球的側上方10～20公分處（圖3-105）。

然後吸氣；同時，雙手隨身體左移而逐漸移動；同時，雙手有意將小球吸附滾動至左側（圖3-106）。

接著呼氣，待氣呼完後，吸氣，雙手隨身體右移，並有意將球吸拉至右側（圖3-107），再呼氣。如此反覆行功49遍。

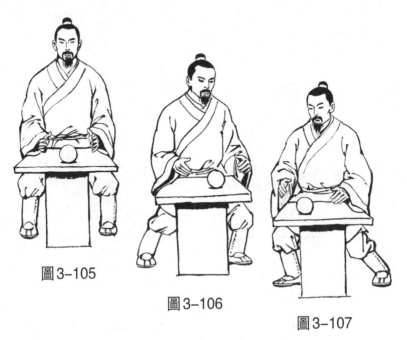

圖3-105

圖3-106

圖3-107

9. 獨步降魔

　　左腿提起，盤蓋於右膝上，右腿下蹲，上身正直；雙手掌心相對，手指向上，將球合抱於中間成定勢（圖3-108）。接著用鼻吸氣，吸氣時下丹田鼓脹，意念右手掌心牢牢將球吸住，化為氣團，收至下丹田；同時，左手輕輕放開（圖3-109）；然後呼氣，右手吸力漸消，即用左手還原將球抱住；接著再吸氣，意念左手將球吸住，並收至下丹田，右手輕輕放開（圖3-110），呼氣還原。

　　如此反覆行功49遍後，改為雙手同時放開，使

圖3-108

圖3-109

圖3–110   圖3–111

球懸於雙手間（圖3–111），意念要領同上，如此反覆行功49遍。

10. 收 勢

自然站立，兩腳與肩同寬，雙手自身體兩側向體前畫弧（圖3–112），當雙手畫弧至下丹田處時，掌心朝下，十指相對成定勢（圖3–113），然後再翻掌變掌心朝上，十指相對。當雙手自兩側畫弧時，有意將天地之精氣由雙手勞宮穴吸入，然後順任脈路線收回下丹田，當雙手捧於下丹田處時，須意守下丹田10分鐘。（圖3–114）

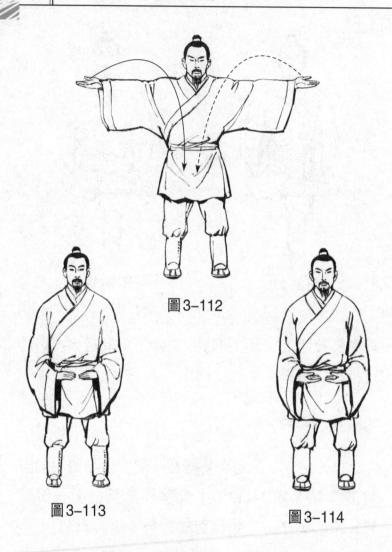

圖3-112

圖3-113

圖3-114

三、注意事項及戒律

①習修此功者，須具備良好的身體素質和悟性、刻苦的精神和持之以恆的決心。

②行功前，須配製大石球一個，大木球一個，大棉花球一個（大球直徑約為15公分）；小石球兩個，小木球兩個，小棉球兩個（小球直徑約為7公分）。

③此功每天只須行1次，但須從頭至尾，時間最好在晚上9：00～11：00之間。

④行功用球順序為：前四個月用石球，再四個月用木球，後四個月用棉球，直至雙手能將棉球拉動吸住自如時，再改用木球，當吸拉住木球自如時，最後再用石球，若再吸拉自如時，此吸陰掌絕技已成矣。

⑤習練此功最好有度師指點，決不可盲目練習，或胡亂更改，否則將事與願違。

⑥行功十戒：一知半解者戒；品行惡劣者戒；一曝十寒者戒；心志不專者戒；飲食無度者戒；尋花問柳者戒；氣量狹小者戒；喜出風頭者戒；貪功求速者戒；功名薰心者戒。

〔1〕守一子．　道藏精華錄［G］．杭州：浙江古籍出版社，1990.

〔2〕陳紀潘．金匱要略［M］．北京：人民衛生出版社，1995.

〔3〕顧植山．中醫學的起源與醫源於易論［G］．國醫論壇，1992，7（2）：8–11.

〔4〕河北醫學院．靈樞經校釋.［M］．北京：人民衛生出版社，2009.

〔5〕劉長林，滕守堯．易學與攝生［M］．瀋陽：瀋陽出版社，1998.

〔6〕王叔和．脈經［M］．北京：人民衛生出版社，2006.

〔7〕趙尚華．醫易通論［M］．太原：山西科學技術出版社，2006.

〔8〕祖行．圖解易經：一本終於可以讀懂的易經［M］．西安：陝西師範大學出版社，2007.

〔9〕楊力. 圖解易經攝生〔M〕. 北京：北京科學技術出版社,2009.

〔10〕朱炯. 圖解周易參同契——周易攝生絕學〔M〕. 西安：陝西師範大學出版社，2010.

〔11〕崔曉麗. 經絡自療小功法1000例〔M〕. 呼和浩特：內蒙古人民出版社，2010.

〔12〕中國道教協會. 中國道教〔J〕. 上海：東方出版中心，2010，4（2）：87—92.

〔13〕何天有. 循經點穴防病治病〔M〕. 蘭州：蘭州大學出版社，2009.

〔14〕羅時銘. 中國導引強身術〔M〕. 合肥：安徽科學技術出版社，1991.

〔15〕趙避塵. 性命法訣明指〔M〕. 北京：中國醫藥科學技術出版社，1996.

〔16〕胡海牙，武國忠. 陳攖寧仙學精要〔M〕. 北京：宗教文化出版社，2008.

〔17〕董沛文. 新編呂洞賓真人丹道全書〔M〕. 北京：團結出版社，2009.

〔18〕董沛文. 天樂丹訣〔M〕. 南昌：江西人民出版社，2011.

太極武術教學光碟

太極功夫扇
五十二式太極扇
演示：李德印 等
(2VCD)中國

夕陽美太極功夫扇
五十六式太極扇
演示：李德印 等
(2VCD)中國

陳氏太極拳及其技擊法
演示：馬虹(10VCD)中國
陳氏太極拳勁道釋秘
拆拳講勁
演示：馬虹(8DVD)中國
推手技巧及功力訓練
演示：馬虹(4VCD)中國

陳氏太極拳新架一路
演示：陳正雷(1DVD)中國
陳氏太極拳新架二路
演示：陳正雷(1DVD)中國
陳氏太極拳老架一路
演示：陳正雷(1DVD)中國
陳氏太極拳老架二路
演示：陳正雷(1DVD)中國

陳氏太極推手
演示：陳正雷(1DVD)中國
陳氏太極單刀・雙刀
演示：陳正雷(1DVD)中國

郭林新氣功
(8DVD)中國

本公司還有其他武術光碟
歡迎來電詢問或至網站查詢
電話：02-28236031
網址：www.dah-jaan.com.tw

原版教學光碟

歡迎至本公司購買書籍

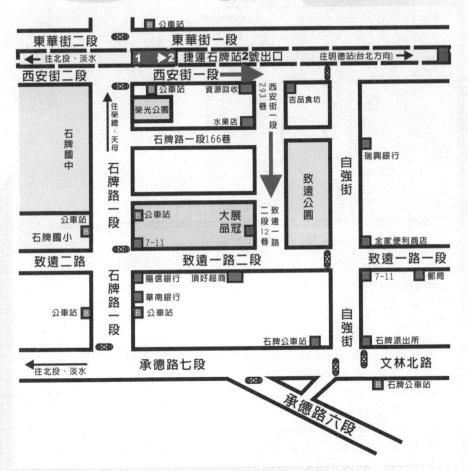

東華街二段　　　　　　　東華街一段　　　　　B 公車站
← 往北投、淡水　　1 ▶2 捷運石牌站2號出口　　往明德站(台北方向) →
西安街二段　　　　西安街一段 ➡
B 公車站　資源回收　西安街一段293巷　吉品食坊
榮光公園　　　　　水果店
石牌路一段166巷
往榮總、天母
石牌國中
石牌路一段
致遠公園
自強街
瑞興銀行
公車站
石牌國小
B 公車站
大展品冠
致遠一路二段12巷
7-11
全家便利商店
致遠二路　　　　致遠一路二段　　　　致遠一路一段
石牌路一段
陽信銀行　頂好超商
7-11　　郵局
華南銀行
公車站 B
B 公車站
自強街
石牌公車站
石牌派出所
往北投、淡水　　承德路七段　　　　　　　文林北路
B 石牌公車站
承德路六段

建議路線

1. 搭乘捷運、公車

　　淡水線石牌站下車,由石牌捷運站2號出口出站(出站後靠右邊),沿著捷運高架往台北方向走(往明德站方向),其街名為西安街,約走100公尺(勿超過紅綠燈),由西安街一段293巷進來(巷口有一公車站牌,站名為自強街口),本公司位於致遠公園對面。搭公車者請於石牌站(石牌派出所)下車,走進自強街,遇致遠路口左轉,右手邊第一條巷子即為本社位置。

2. 自行開車或騎車

　　由承德路接石牌路,看到陽信銀行右轉,此條即為致遠一路二段,在遇到自強街(紅綠燈)前的巷子(致遠公園)左轉,即可看到本公司招牌。

國家圖書館出版品預行編目資料

道家窖藏武功攝生秘笈／姜運和　著
——初版，——臺北市，大展，2016〔民105.05〕
面；21公分 ——（養生保健；56）
ISBN 978-986-346-112-8（平裝附數位影音光碟）

1.道家修鍊
235   105003321

道家窖藏武功攝生秘笈 附 DVD

著　　著／姜運和
責任編輯／孔令良
發 行 人／蔡森明
出 版 者／大展出版社有限公司
社　　址／台北市北投區（石牌）致遠一路2段12巷1號
電　　話／（02）28236031・28236033・28233123
傳　　眞／（02）28272069
郵政劃撥／01669551
網　　址／www.dah-jaan.com.tw
E - mail ／service@dah-jaan.com.tw
登 記 證／局版臺業字第2171號
承 印 者／傳興印刷有限公司
裝　　訂／眾友企業公司
排 版 者／弘益電腦排版有限公司
授 權 者／北京人民體育出版社
初版1刷／2016年（民105年）5月

定　價／350元

●本書若有破損、缺頁請寄回本社更換●